ITALIENISCH IM HANDUMDREHEN

Der Alltagswortschatz in Bildern und Sätzen.
Einfach Italienisch mitreden.

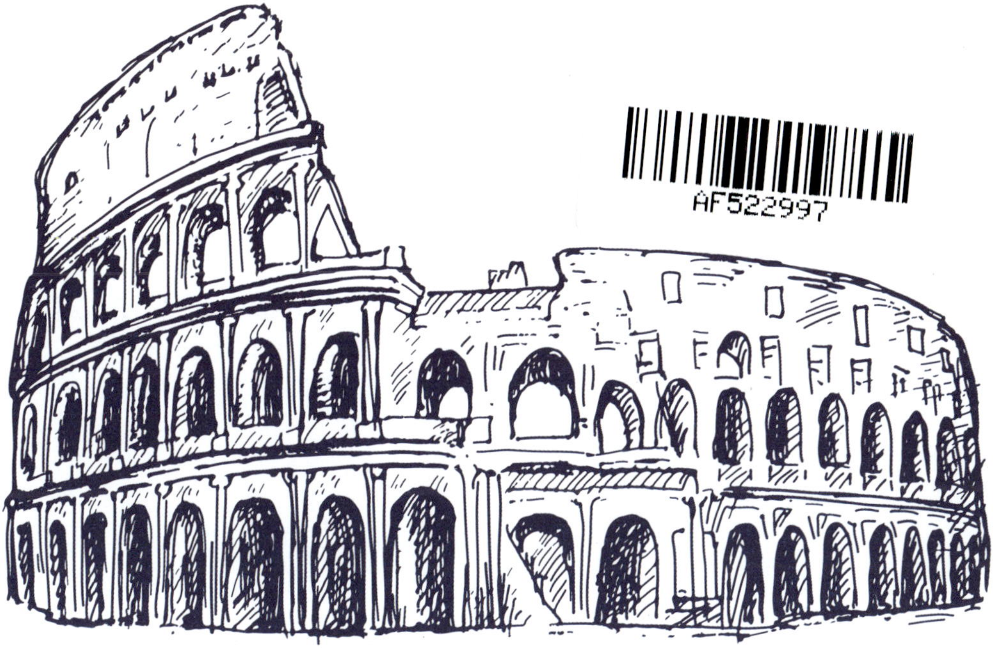

PONS Langenscheidt GmbH
Stuttgart

Vorwort

In fremde, ferne Länder zu reisen, ist eine wunderbare, herrliche Sache. Auf der Liste der schönsten Dinge für alle Menschen steht das Reisen wahrscheinlich an erster Stelle.

Doch vor jeder Reise in die Fremde steht die Hürde einer neuen Fremdsprache. Für viele Menschen scheint es unüberwindbar, sich auf das Erlernen einer neuen Fremdsprache einzulassen. Dabei ist es gar nicht so schwer eine neue Sprache zu lernen und sich damit neue Möglichkeiten zu erschließen.

Ganz egal, ob es dein Ziel ist, Urlaub im zauberhaften Italien zu verbringen, ob du gerne mit einem Menschen aus Italien flirten möchtest oder im richtigen Moment bemerkst, dass ein anderer mit dir flirtet (wer weiß, vielleicht verpasst du in solch einem Augenblick gerade die Gelegenheit, deinen Traumprinzen oder deine Traumprinzessin fürs Leben zu finden), oder ob du einen kompletten Neuanfang in Italien planst, warte nicht, bis du den ersten Schritt auf diesem Weg machst.

Lass dich nicht davon abhalten, deinem Herzenswunsch zu folgen. Trau dich und triff die Entscheidung, dich der italienischen Sprache zu stellen.

Jetzt und sofort!

Sobald du deine Herzensentscheidung getroffen hast Italienisch zu lernen, steht dir dieses Buch für den ersten Schritt zur Seite. Du brauchst nach diesem Entschluss nicht sofort einen Sprachkurs zu belegen oder dich mit komplizierter Grammatik zu beschäftigen.

Alle, die schon einmal eine Sprache gelernt haben und sie gut beherrschen, wissen, dass es am wichtigsten, am allerschnellsten und am einfachsten ist, ins kalte Wasser zu springen. Wenn du erst einmal angefangen hast, läuft es wie von selbst.

Bereite dich nicht lange vor und springe, denn probieren geht über studieren.

Dieses Buch, mit seinen passenden Bildern, Illustrationen, Wortzusammenstellungen und wertvollen Sätzen hilft dir einen schnellen Einstieg zu finden. Schlage bei den ersten Sprachhürden auf deiner Reise das passende Kapitel auf und dort wirst du die wichtigsten Sätze und Begriffe finden.

Die einheitliche Farbgebung der Wörter und Lautschriftzeichen erleichtert die Zuordnung von Wort und Lautschrift und damit das Erlernen der Fremdsprache. Die Erklärung zu den verwendeten Farben findest du auf der Innenseite des hinteren Buchumschlags.

Wenn es mit der Aussprache noch nicht hundertprozentig klappt, kannst du mit dem Zeigefinger auf das Bild oder den danebenstehenden Satz tippen und dich sofort verständlich machen. So einfach und so schnell ist es, denn dieses Buch heißt:

Italienisch im Handumdrehen.

Inhalt

Alltagssätze, Alltagsschätze

Nella quotidianità [nella kuotidjani'ta]

Begrüßung
Saluto [sa'luːto]

Buongiorno!	Buonasera!	Ciao!
[buon'ʤorno]	[buona'seːra]	['tʃaːo]
Guten Tag! / Guten Morgen!	Guten Abend!	Hallo!

Come va?

['ko:me va]

Wie geht's?

Bene, grazie.

['bɛ:ne, 'grattsje]

Gut, danke.

Sì.	No.
[si]	[nɔ]
Ja.	Nein.

Grazie.	Grazie mille.	Di niente.	Con piacere.
['grattsje]	['grattsje 'mille]	[di 'njɛnte]	[kon pja'tʃe:re]
Danke.	Danke sehr.	Nichts zu danken.	Mit Vergnügen.

Mi chiamo… [mi 'kja:mo]	Ich heiße...
Come si chiama? ['ko:me si 'kja:ma]	Wie heißen Sie?
Come ti chiami? ['ko:me ti 'kja:mi]	Wie heißt du?
Piacere. [pja'tʃe:re]	Sehr erfreut.
Vengo dalla Germania. ['vɛngo 'dalla dʒer'ma:nja]	Ich komme aus Deutschland.
Non parlo italiano. [non 'parlo ita'lja:no]	Ich spreche kein Italienisch.
Parlo italiano, ma solo un po'. ['parlo ita'lja:no, ma 'so:lo 'un pɔ]	Ich spreche nur ein bisschen Italienisch.
Potrebbe parlare più lentamente, per favore? [pɔt'reb'bɛ par'la:re pju lenta'mente per fa'vo:re]	Würden Sie bitte langsamer sprechen?
Come si dice in italiano? ['ko:me si 'di:tʃe in ita'lja:no]	Wie heißt das auf Italienisch?

Mi scusi, come ci arrivo a...?

[mi s'kuzi 'ko:me tʃı a'rrivo a]

Entschuldigen Sie bitte, wie komme ich zum...?

Cosa significa? [ˈkɔ:sa siɲˈɲi:fika]	Was bedeutet das?
Che cosa è? / Cos'è? [ke ˈkɔ:sa ɛ / kɔ'sɛ]	Was ist das?
Come sta? ['ko:me 'sta]	Wie geht es Ihnen?
Come stai? ['ko:me 'stai]	Wie geht es dir?
Bene, grazie. E Lei / tu? ['bɛ:ne, 'grattsje e 'lɛ:i /tu]	Gut , danke. Und Ihnen / dir?
Capisco. [ka'pisko]	Ich verstehe.
Scusi, non ho capito. ['sku:zi non ɔ ka'pi:to]	Entschuldigung, ich habe nicht verstanden.
Come dice? ['ko:me 'di:tʃe]	Wie bitte?
Scusi! ['sku:zi]	Entschuldigung! / Verzeihung!
Nessun problema. [nes'sun pro'blɛ:ma]	Kein Problem.
Non c'è problema. [non ˈtʃɛ pro'blɛ:ma]	Kein Problem.
Mi può aiutare, per favore? [mi ˈpuɔ aju'ta:re per fa'vo:re]	Können Sie mir bitte helfen?

Dov'è...? [do'vɛ]	Wo ist...?
Vorrei... [vor'rɛ:i]	Ich hätte gern...
C'è... / Ci sono...? [ʧɛ.../ tʃi 'so:no]	Gibt es...?
Quanto costa...? ['kuanto 'kɔsta]	Wie viel kostet...?
D'accordo! [dak'kɔrdo]	Einverstanden!
Bene. ['bɛ:ne]	Gut.
Molto bene. 'molto 'bɛ:ne]	Sehr gut.
Mi piace. [mi 'pja:tʃe]	Das gefällt mir.
Non mi piace. [non mi 'pja:tʃe]	Das gefällt mir nicht.
Così così. [ko'si ko'si]	So lala.
Va bene! [va 'bɛ:ne]	In Ordnung!
Certo! ['tʃɛrto]	Selbstverständlich!

Ottimo! ['ɔttimo]	Wunderbar!
Eccellente! [ettʃel'lɛnte]	Hervorragend!
Meraviglioso! [meraviʎ'ʎo:so]	Ausgezeichnet!
male ['ma:le]	schlecht
tanto ['tanto]	viel
un po' ['un pɔ]	ein bisschen
Un momento, per favore. [un mo'mento per fa'vo:re]	Einen Moment, bitte.
Un attimo, per favore. [un 'attimo per fa'vo:re]	Einen Augenblick, bitte.
A presto! [a 'prɛsto]	Bis bald!
A dopo! / A più tardi! [a 'do:po / a pju 'tardi]	Bis später!
A domani! [a do'ma:ni]	Bis morgen!

Arrivederci! [arrive'dertʃi]	Auf Wiedersehen!
Ciao! ['tʃa:o]	Hallo! / Tschüss!
Chi? [ki]	Wer?
Cosa? ['kɔ:sa]	Was?
Dove? ['do:ve]	Wo?
Dov'è...? [do'vɛ]	Wo ist...?
Dove sono...? ['do:ve 'so:no]	Wo sind...?
Quando? ['kuando]	Wann?
Perché? [per'ke]	Warum?
Come? ['ko:me]	Wie?
Quanto? ['kuanto]	Wie viel?

Arrivederci! / Ciao!

[arrive'dertʃi / 'tʃa:o]

Auf Wiedersehen! / Tschüss!

A presto! / Ciao!

[a 'prɛsto / 'tʃa:o]

Bis bald! / Tschüss!

Am Flughafen

All'aeroporto [allaero'pɔrto]

l'aeroporto
[laero'pɔrto]

der Flughafen

Dov'è il controllo dei passaporti?
[do'vɛ il kon'trɔllo dei passa'pɔrti]

Wo ist die Passkontrolle?

L'AEREO

[la'ɛːreõ]

Scusi, come si arriva in centro?
['skuːzi 'koːme si ar'riːva in 'tʃɛntro]
Entschuldigung, wie kommt man zum Stadtzentrum?

Dov'è la stazione?
[do'vɛ la stat'tsjoːne]
Wo ist der Bahnhof?

[uʃ'ʃita] Ausgang

Mi scusi, dov'è l'uscita?
[mi 'sku:zi do'vɛ luʃ'ʃi:ta]
Entschuldigung, wo ist der Ausgang?

Das Flugzeug

Dov'è la fermata dell'autobus?
[do'vɛ la fer'ma:ta del'la:utobus]
Wo ist die Bushaltestelle?

Dove posso prendere un taxi?
['do:ve 'posso 'prɛndere un 'taksi]
Wo bekomme ich ein Taxi?

Dov'è l'ufficio turistico?
[do'vɛ luf'fiːtʃo tu'ristiko]
Wo ist die Touristeninformation?

Quanto è lontano il centro città?
['kuanto ɛ lon'taːno il 'tʃɛntro tʃit'ta]
Wie weit ist es bis zum Stadtzentrum?

Conosce un hotel economico?
[ko'noʃʃe un o'tɛl eko'nɔːmiko]
Kennen Sie ein preiswertes Hotel?

Per favore, mi porti a questo indirizzo.
[per fa'voːre mi 'porti a 'kuesto indi'rittso]
Fahren Sie mich bitte zu dieser Adresse.

il taxi
[il 'taksi]

das Taxi

Quanto costa il viaggio?
[ˈkuanto ˈkɔsta il viˈaddʒo]
Was kostet die Fahrt?

Posso pagare con carta di credito?
[ˈposso paˈga:re kon ˈkarta di ˈkre:dito]
Kann ich mit Kreditkarte bezahlen?

Può dirmi quando devo scendere, per favore?
[ˈpu·ɔ ˈdirmi ˈkuando ˈdɛ:vo ˈʃendere per faˈvo:re]
Würden Sie mir bitte sagen, wann ich aussteigen muss?

Grazie per il Suo aiuto.
[ˈgrattsje per il ˈsu:o aˈju:to]
Danke für Ihre Hilfe.

il bus / l'autobus
[il bus / la:utobus]

der Bus

il treno

[il trɛ:no]

der Zug

la metropolitana

[la metropoli'ta:na]

die U-Bahn

il tram

[il tram]

die Straßenbahn

il TAV (Treno Alta Velocità)
[il 'tav] ['trɛ:no 'alta velotʃi'ta]

der Hochgeschwindigkeitszug

la nave
[la 'na:ve]

das Schiff

Die Unterkunft

L'alloggio [lal'lɔddʒo]

Avete delle camere disponibili? [a've:te 'delle 'ka:mere dispo'ni:bili]	Haben Sie noch freie Zimmer?
Posso vedere la camera? ['pɔsso ve'de:re la 'ka:mera]	Könnte ich das Zimmer ansehen?
Quanto costa? ['kuanto 'kɔsta]	Wie viel kostet das?
La colazione è inclusa? [la kolat'tsjo:ne ɛ in'klu:za]	Ist das Frühstück inbegriffen?
Ho prenotato una camera a nome di ... [ɔ preno'ta:to una 'ka:mera a 'no:me di]	Ich habe ein Zimmer auf den Namen... gebucht.
Ecco il mio passaporto. ['ɛkko il 'mi:o passa'pɔrto]	Hier ist mein Reisepass.

Avete il Wi-Fi? [a'v:te il 'wi:fi]	Gibt es hier WLAN?
C'è una cassaforte? [ˈʧɛ ˈuːna kassaˈfɔrte]	Gibt es einen Safe?
Quando devo lasciare la stanza? [ˈkuando ˈdɛːvo laʃˈʃaːre la ˈstantsa]	Wann muss ich auschecken?
C'è sempre qualcuno alla reception? [ˈʧɛ ˈsɛmpre kualˈkuːno alla reˈsɛpʃon]	Ist Ihre Rezeption rund um die Uhr besetzt?
C'è un ristorante nell'hotel? [ˈʧɛ un ristoˈrante nelloˈtɛl]	Gibt es ein Restaurant im Haus?

Vorrei una camera per...

[vor'rɛ:i una 'ka:mera per]

Ich hätte gern ein Zimmer für...

una persona.
['u:na per'sona]
eine Person.

due persone.
['du:e per'so:ne]
zwei Personen.

una famiglia.
['u:na fa'miʎʎa]
eine Familie.

la libreria
[la libre'ri:a]
das Bücherregal
la lampada
[la 'lampada]
die Lampe
la finestra
[la fi'nɛstra]
das Fenster
l'interruttore della luce
[linterrutto:re 'della 'lu:tʃe]
der Lichtschalter
la sveglia
[la 'zveʎʎa]
der Wecker
il cuscino
[il kuʃ'ʃi:no]
das Kopfkissen
la sedia
[la 'sɛ:dja]
der Stuhl
la scrivania
[la skriva'ni:a]
der Schreibtisch
la presa di corrente
[la 'pre:sa di kor'rɛnte]
der Stecker
la presa
[la 'pre:sa]
die Steckdose

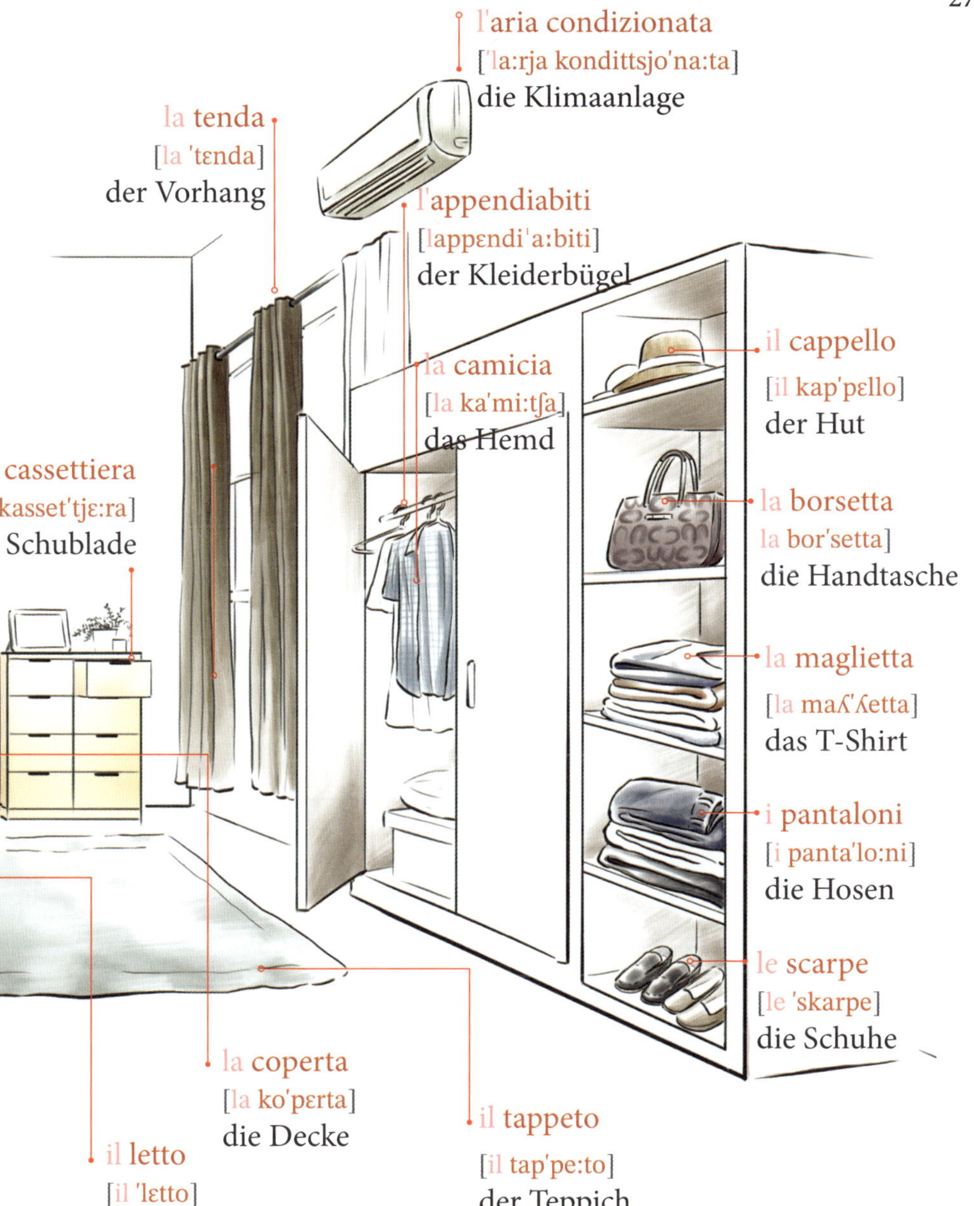

Im Schlafzimmer

Nella camera da letto [nella 'ka:mera da 'lɛtto]

Im Badezimmer

Nel bagno [nel 'baɲɲo]

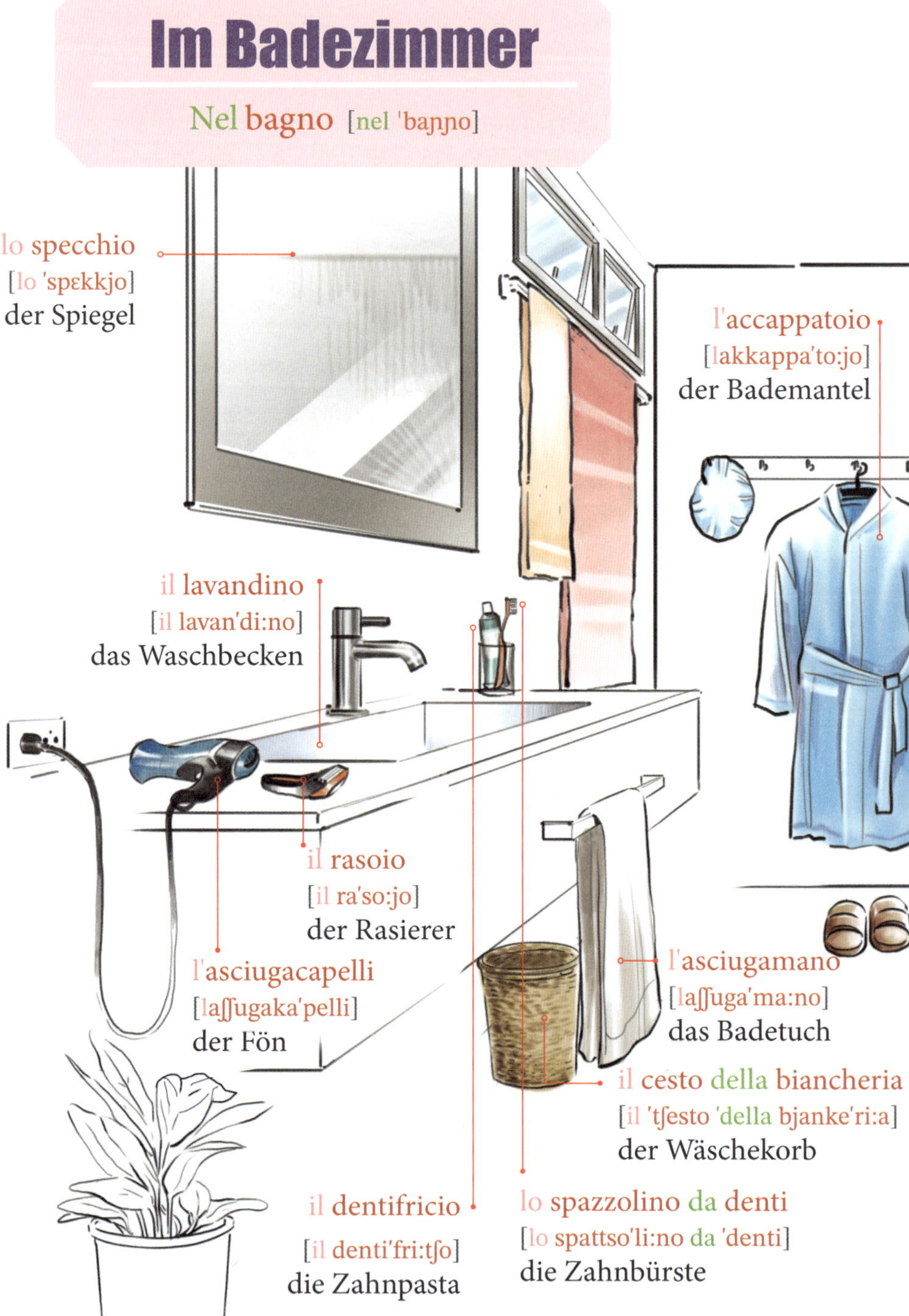

la doccia
[la 'dottʃa]
die Dusche
il gel da doccia
[il dʒɛl da dottʃa]
das Duschgel
il balsamo
[il 'balsamo]
die Haarspülung
lo shampoo
[lo 'ʃampo]
das Shampoo
il sapone
[il sa'po:ne]
die Seife
il water
[il 'vaːter]
die Toilettenbecken
lo scopino
[lo sko'piːno]
die Toilettenbürste
la carta igienica
[la 'karta i'dʒɛːnika]
das Klopapier
lo scarico
[lo 'ska:riko]
der Abfluss
la vasca da bagno
[la 'vaska da 'baɲɲo]
die Badewanne

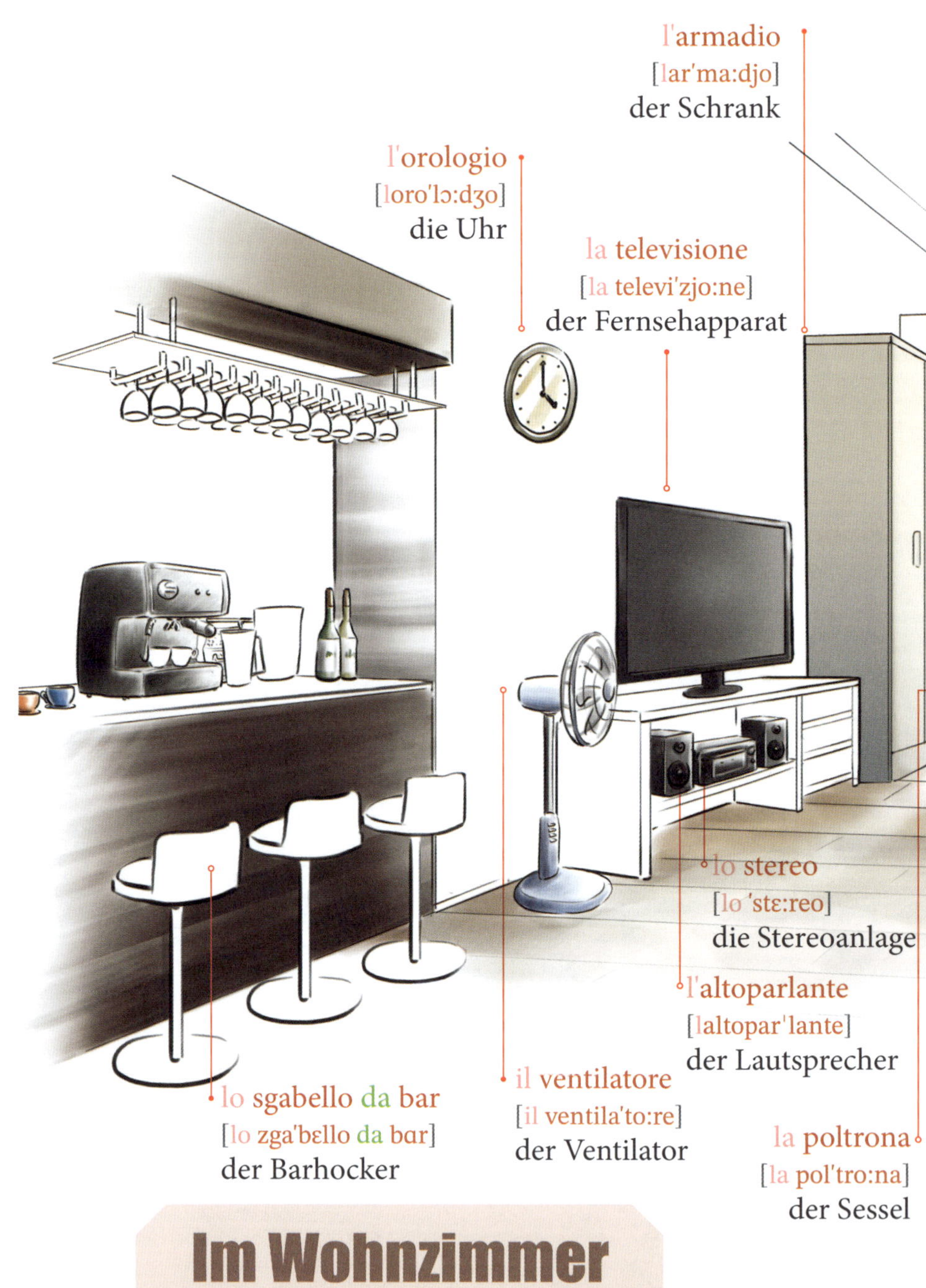

Im Wohnzimmer

Nel soggiorno [nel sod'dʒorno]

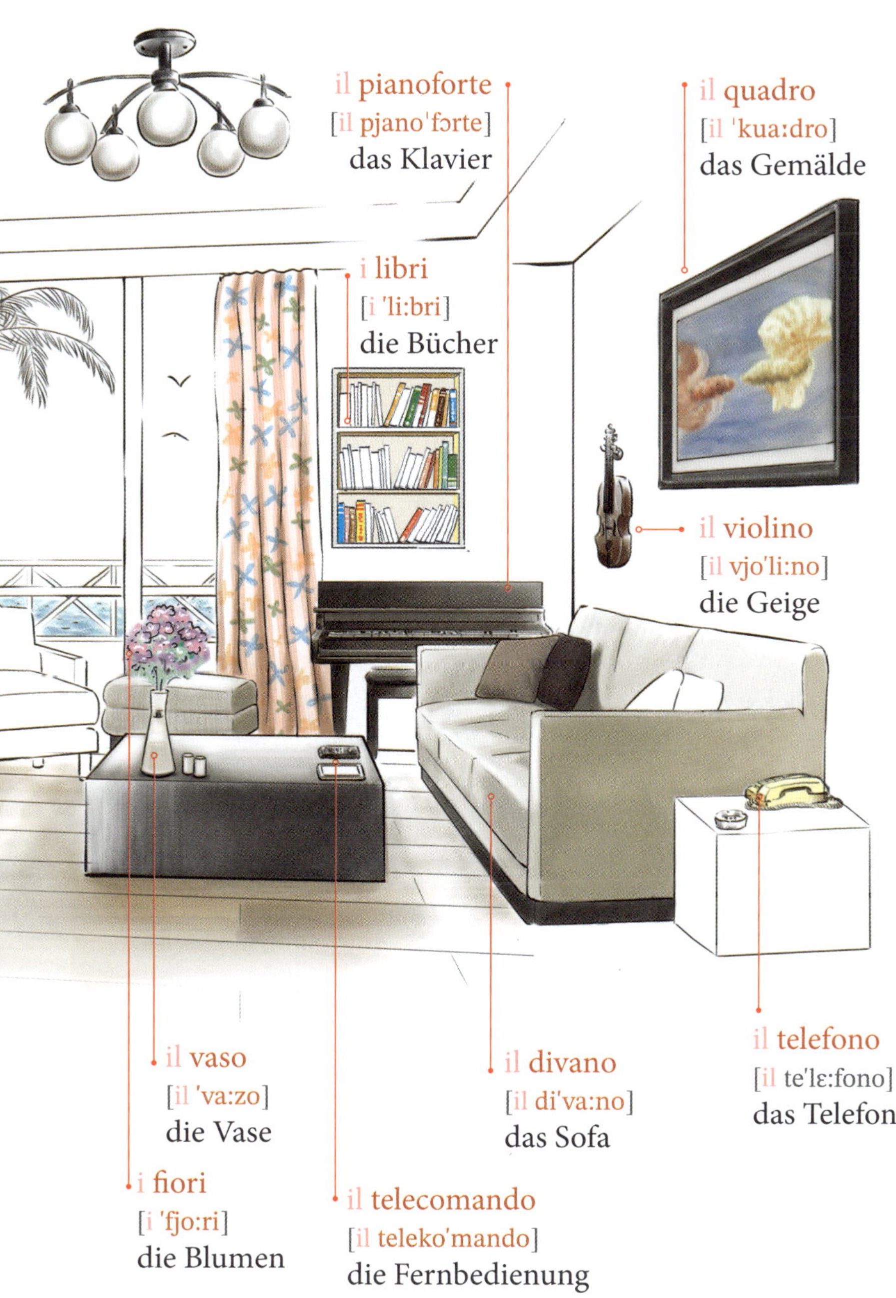
il pianoforte
[il pjano'fɔrte]
das Klavier
il quadro
[il 'kuaːdro]
das Gemälde
i libri
[i 'li:bri]
die Bücher
il violino
[il vjo'li:no]
die Geige
il vaso
[il 'va:zo]
die Vase
il divano
[il di'va:no]
das Sofa
il telefono
[il te'lɛ:fono]
das Telefon
i fiori
[i 'fjo:ri]
die Blumen
il telecomando
[il teleko'mando]
die Fernbedienung

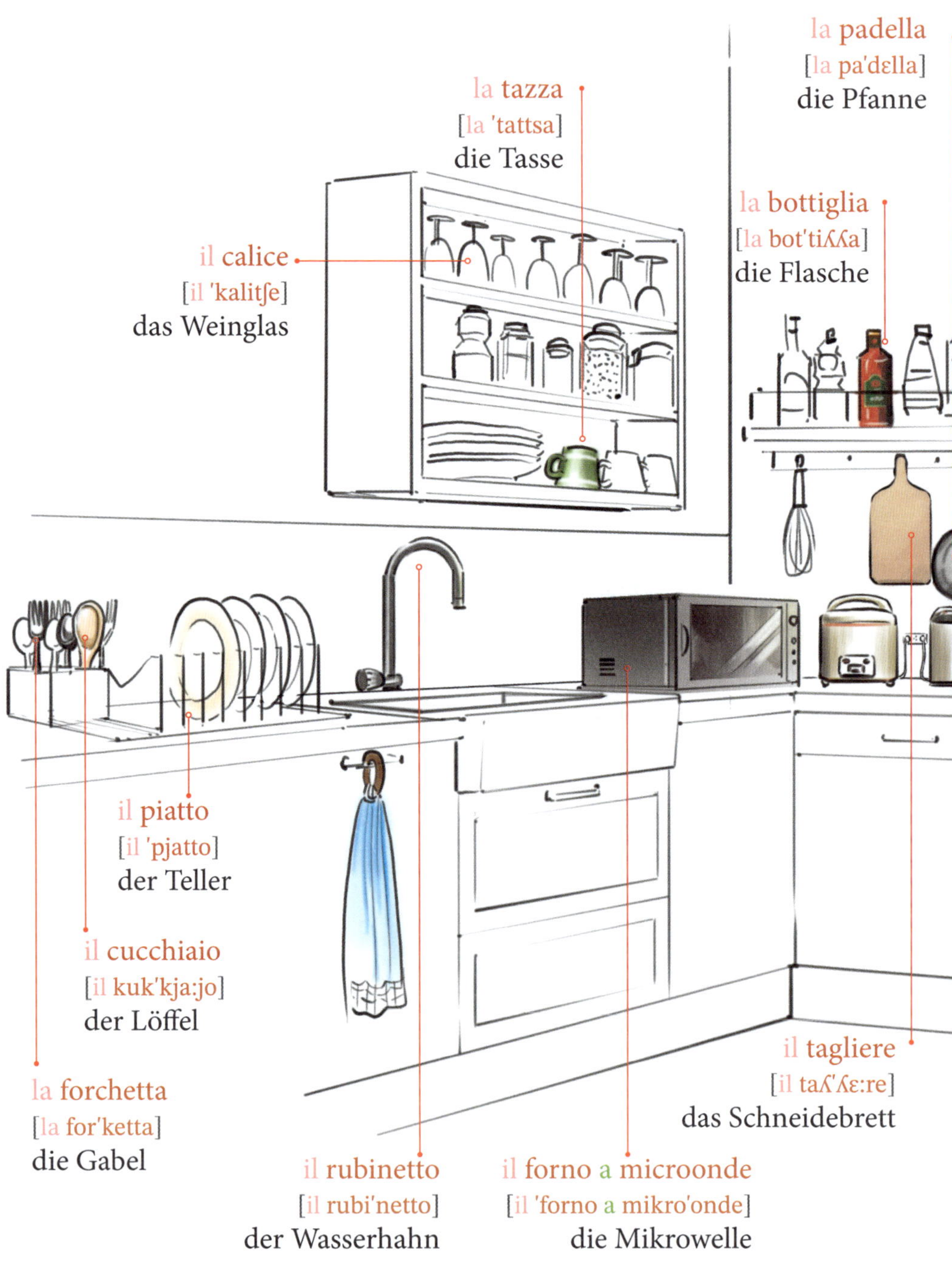

la padella
[la pa'dɛlla]
die Pfanne
la tazza
[la 'tattsa]
die Tasse
la bottiglia
[la bot'tiʎʎa]
die Flasche
il calice
[il 'kalitʃe]
das Weinglas
il piatto
[il 'pjatto]
der Teller
il cucchiaio
[il kuk'kja:jo]
der Löffel
la forchetta
[la for'ketta]
die Gabel
il tagliere
[il taʎ'ʎɛ:re]
das Schneidebrett
il rubinetto
[il rubi'netto]
der Wasserhahn
il forno a microonde
[il 'forno a mikro'onde]
die Mikrowelle

In der Küche

Nella cucina [nella ku'tʃi:na]

Ausflüge (in der Stadt und außerhalb)

Escursioni (in città e fuori città)

[eskur'sjo:ni in tʃit'ta e fu'ɔ:ri tʃit'ta]

Cosa c'è d'interessante da queste parti?

['kɔ:sa 'tʃɛ dinteres'sante da 'kueste 'parti]

Welche Sehenswürdigkeiten gibt es hier?

Dove posso gustare dei piatti locali?

['do:ve 'posso gus'ta:re 'de:i pjat'ti lo'ka:li]

Wo kann ich regionale Spezialitäten probieren?

Ausflüge mit dem Zug

Viaggi in treno ['vjaddʒi in 'trɛːno]

Dov'è la stazione ferroviaria? [do'vɛ la stat'tsjoːne ferro'vjaːrja]	Wo ist der Bahnhof?
Dov'è la biglietteria? [do'vɛ la biʎʎette'riːa]	Wo ist der Fahrkartenschalter?
Quanto costa il biglietto? ['kuanto 'kɔsta il biʎ'ʎetto]	Wie viel kostet die Fahrkarte?
Un biglietto di prima classe, per favore. [un biʎ'ʎetto di 'priːma 'klasse per fa'voːre]	Bitte eine Fahrkarte erster Klasse.
Un biglietto di seconda classe, per favore. [un biʎ'ʎetto di se'konda 'klasse per fa'voːre]	Bitte eine Fahrkarte zweiter Klasse.
Un biglietto di sola andata, per favore. [un biʎ'ʎetto di 'soːla an'data per fa'voːre]	Bitte eine einfache Fahrkarte.
Un biglietto di andata e ritorno, per favore. [un biʎ'ʎetto di an'daːta e ri'torno per fa'voːre]	Bitte eine Hin- und Rückfahrkarte

Vorrei prenotare un posto. [vor'rɛ:i preno'ta:re un 'posto]	Ich möchte gern einen Sitzplatz reservieren.
Quando parte il treno? ['kuando 'parte il 'trɛ:no]	Wann fährt der Zug ab?
Quante volte devo cambiare treno? ['kuante 'volte 'dɛ:vo kam'bja:re 'trɛ:no]	Wie oft muss ich umsteigen?
Qual è la prossima stazione? [kua'lɛ la 'prossima stat'tsjo:ne]	Welches ist die nächste Haltestelle?
Per favore, mi dica quando devo scendere. [per fa'vo:re mi 'di:ka 'kuando 'dɛ:vo 'ʃendere]	Bitte sagen Sie mir, wann ich aussteigen muss.

Am Bahnhof

Alla stazione ferroviaria

[alla staˈtsjoːne ferroˈvjaːrja]

la stazione
[la statˈtsjoːne]
der Bahnhof

la stazione centrale
[la statˈtsjoːne tʃenˈtraːle]
der Hauptbahnhof

la biglietteria
[la biʎʎetteˈriːa]
der Fahrkartenschalter

il biglietto
[il biʎˈʎetto]
die Fahrkarte

l'orario
[loˈraːrjo]
der Fahrplan

l'arrivo
[larˈrivːo]
die Ankunft

la partenza
[la parˈtɛntsa]
die Abfahrt

il treno
[il ˈtrɛːno]
der Zug

la piattaforma
[la pjattaˈforma]
der Bahnsteig

il vagone letto
[il vaˈgoːne ˈletto]
der Schlafwagen

l'espresso
[lesˈprɛsso]
der Schnellzug

un biglietto di prima classe
[un biʎ'ʎetto di 'pri:ma 'klasse]
eine Fahrkarte erster Klasse

un biglietto di seconda classe
[un biʎ'ʎet to di se'konda 'klasse]
eine Fahrkarte zweiter Klasse

la prenotazione del posto
[la prenotat'tsjo:ne del 'posto]
die Sitzplatzreservierung

andata
[an'da:ta]
einfach

andata e ritorno
[an'da:ta e ri'torno]
hin und zurück

il supplemento
[il supple'mento]
der Zuschlag

salire
[sa'li:re]
einsteigen

scendere
['ʃendere]
aussteigen

cambiare il treno
[kam'bja:re il'trɛ:no]
umsteigen

Quando parte il treno / l'autobus / la metropolitana / il tram?

['kuando 'parte il 'trɛ:no / 'la:utobus / la metropoli'ta:na / il tram]

Um wie viel Uhr fährt der Zug / der Bus / die U-Bahn / die Straßenbahn ab?

Mi scusi, mi aiuterebbe ad acquistare un biglietto all'automatico?

[mi 'sku:zi mi ajute'rɛbbe ad akkui'sta:re un biʎ'ʎetto allauto'ma:tiko]

Entschuldigen Sie bitte, könnten Sie mir helfen, ein Ticket an dem Automaten zu kaufen?

Voglio andare a...

[voʎ'ʎo an'da:re a]

Ich möchte nach... fahren.

Ausflüge mit dem Bus und mit der Straßenbahn

Escursioni in autobus e con il tram

[eskur'sjo:ni in 'a:utobus e kon il tram]

l'autobus / il bus ['la:utobus / il bus]	der Bus
la fermata del bus [la fer'ma:ta del bus]	die Bushaltestelle
il tram [il tram]	die Straßenbahn

Dov'è la fermata del tram?

[do'vɛ la fer'ma:ta del tram]

Wo ist die Straßenbahnhaltestelle?

la fermata del tram [la fer'ma:ta del tram]	die Straßenbahnhaltestelle
il biglietto [il biʎ'ʎetto]	die Fahrkarte
il controllore [il kontrol'lo:re]	der Kontrolleur, die Kontrolleurin
la multa [la 'multa]	die Geldstrafe

Dov'è...?

[do'vɛ]

Wo ist ...?

Dov'è la fermata dell'autobus?

[do'vɛ la fer'ma:ta del'la:utobus]

Wo ist die Bushaltestelle?

il semaforo

[il se'ma:foro]
die Ampel

la moto / la motocicletta

[la 'mɔ:to / la mototʃi'kletta]
das Motorrad

la bicicletta

[la bitʃi'kletta]
das Fahrrad

la macchina / l'automobile

[la 'makkina / l'auto'mɔ:bile]
das Auto

Auf eigene Faust unterwegs mit dem Auto, Motorrad, Fahrrad und zu Fuß

Viaggiare da soli in auto, in moto, in bicicletta e a piedi
[viad'dʒa:re da 'so:li in 'a:uto in 'mɔ:to in bitʃi'kletta e a 'pje:di]

la strada [la 'stra:da]	die Straße
l'incrocio ['linkro:tʃo]	die Kreuzung
il passaggio pedonale [il pas'saddʒo pedo'na:le]	der Fußgängerüberweg
andare dritto [an'da:re 'dritto]	geradeaus gehen
girare a destra [dʒi'rare a 'dɛstra]	rechts abbiegen
girare a sinistra [dʒi'rare a si'nistra]	links abbiegen
qui / qua [kui/kua]	hier
là [la]	dort
vicino [vi'tʃi:no]	nah
lontano [lon'ta:no]	weit
Dov'è una stazione di servizio? [do'vɛ 'u:na stat'tsjo:ne di ser'vittsjo]	Wo ist eine Tankstelle?

Kunst und Freizeitaktivitäten

Arte ed attività di svago ['arte edattivi'ta di 'zva:go]

il teatro

[il te'a:tro]

das Theater

---

il teatro dell'opera

[il te'a:tro dell 'ɔ:pera]

das Opernhaus

---

il cinema

[il 'tʃi:nema]

das Kino

---

la galleria d'arte

[la galle'ri:a 'darte]

die Kunstgalerie

---

il museo

[il mu'zɛ:o]

das Museum

la piscina coperta
[la piʃˈʃiːna koˈpɛrta]
das Hallenbad

---

la piscina scoperta
[la piʃˈʃiːna skoˈpɛrta]
das Freibad

---

la sauna
[la ˈsaːuna]
die Sauna

---

il parco comunale
[il ˈparko komuˈnaːle]
der Stadtpark

---

la palestra
[la paˈlɛstra]
das Fitnessstudio

Sehenswürdigkeiten

Attrazioni turistiche [attrat'tsjo:ni tu'ristike]

I Fori Imperiali

Il Colosseo

Piazza di Spagna

Piazza Navona

Castel Sant'Angelo

Fontana di Trevi

Trastevere

Vaticano

La Valle dei Templi (Agrigento)

I Trulli (Alberobello)

Il Duomo (Milano)

Napoli e il Vesuvio

La Torre di Pisa

Ponte Vecchio (Firenze)

San Gimignano (Toscana)

In der Bäckerei

Nella panetteria
[nella panette'ria]

lo sfilatino
[lo sfila'ti:no]

das Stangenbrot

la michetta
[la mi'ketta]

das Weißbrot in Blütenform

il cornetto
[il kor'netto]

das Hörnchen

il pancarrè
[il pankar're]

das Toastbrot

il panino
[il paˈniːno]

das Brötchen

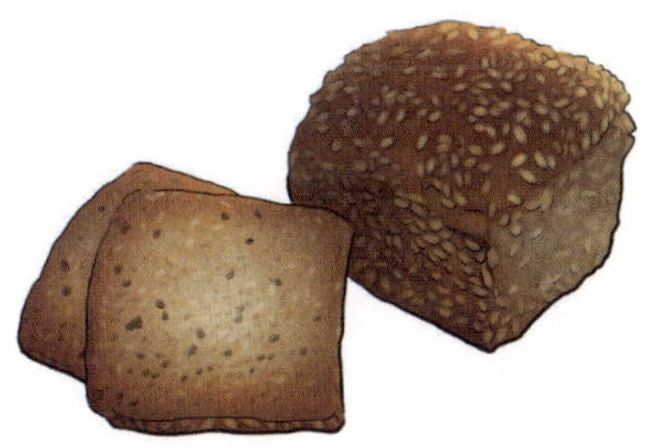

il pane ai cereali
[il ˈpaːne ˈaːi tʃereˈaːli]

das Vollkornbrot

il pane casereccio
[il ˈpaːne kaseˈrettʃo]

das Bauernbrot

la pecora
[la 'pɛːkora]
das Schaf

la carne di pecora
[la 'karne di 'pɛːkora]
das Schafsfleisch

il coniglio
[il ko'niʎʎo]
das Kaninchen

l'anatra
['laːnatra]
die Ente

la mucca
[la'mukka]
die Kuh

il manzo
[il'mandzo]
das Rindfleisch

In der Metzgerei

Nella macelleria
[nella matʃelleˈri:a]

il maiale
[il ma'ja:le]
das Schweinefleisch

il salame
[il saˈlaːme]
die Wurst

la carne
[la 'karne]
das Fleisch

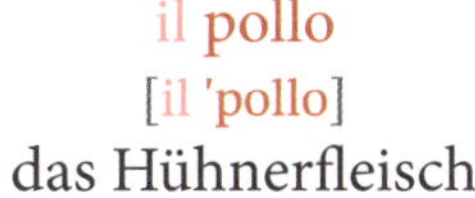

il pollo
[il 'pollo]
das Hühnerfleisch

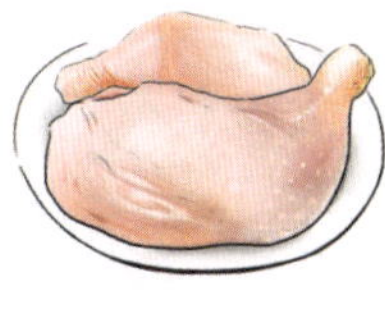

Im Fischgeschäft

Nella pescheria
[nella peske'ri:a]

la trota
[la 'trɔ:ta]
die Forelle

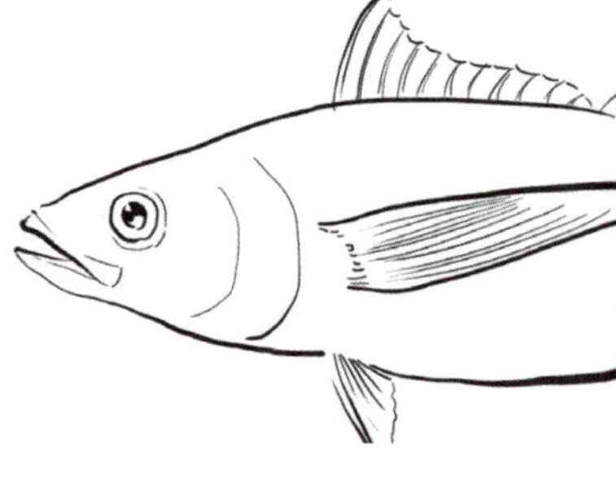

il pesce
[il 'peʃʃe]
der Fisch

il granchio
[il 'grankjo]
die Krabbe

il gambero
[il 'gambero]
die Garnele

il tonno
[il 'tonno]
der Thunfisch

il calamaro
[il kala'ma:ro]
der Tintenfisch

il salmone
[il sal'mo:ne]
der Lachs

la cozza
[la 'kɔttsa]
die Miesmuschel

l'ostrica
['lɔstrika]
die Auster

1
2
3
4
5
6
7
8
9

Im Gemüseladen

Dall'erbivendolo [dallerbi'vendolo]

1. la melanzana
[la melan'dza:na] die Aubergine

2. il radicchio
[il ra'dikkjo] der Radicchio

3. i piselli
[i pi'sɛlli] die Erbsen

4. il basilico
[il ba'zi:liko] das Basilikum

5. la carota
[la ka'rɔ:ta] die Möhre

6. il cavolfiore
[il kavol'fjo:re] der Blumenkohl

7. i broccoli
[i 'brɔkkoli] der Brokkoli

8. il cetriolo
[il tʃetri'ɔ:lo] die Gurke

9. il carciofo
[il kar'tʃɔ:fo] die Artischocke

1. lo zenzero
[lo 'dzendzero] der Ingwer

2. la lattuga
[la lat'tu:ga] der Kopfsalat

3. la zucca
[la 'tsukka] der Kürbis

4. la mandorla
[la 'mandorla] die Mandel

5. l'arachide
[lara:kide] die Erdnuss

6. la nocciola
[la not'tʃɔ:la] die Haselnuss

7. l'aglio
[laʎʎo] der Knoblauch

8. il fungo
[il 'fungo] der Pilz

9. la patata
[la pa'ta:ta] die Kartoffel

10. il mais
[il 'mais] der Mais

11. la noce
[la 'no:tʃe] die Walnuss

1
2
3
4
7
5
6
8
9
10
11

1
2
3
4
5
6
7
8
9
10

1. la barbabietola
[la barba'bjɛ:tola] die rote Beete

2. il peperone
[il pepe'ro:ne] die Paprika

3. la cipolla
[la tʃi'polla] die Zwiebel

4. il cavolo bianco
[il 'ka:volo 'bjanko] der Weißkohl

5. il cavolo rosso
[il 'ka:volo 'rosso] der Rotkohl

6. l'asparago
[las'pa:rago] der Spargel

7. il pomodoro
[il pomo'dɔ:ro] die Tomate

8. la zucchina
[la tsuk'ki:na] die Zucchini

9. il sedano
[il 'sɛ:dano] die Sellerie

10. gli spinaci
[ʎi spi'na:tʃi] der Spinat

Im Obstladen

Dal fruttivendolo
[dal frutti'vendolo]

la mela
[la 'me:la]
der Apfel

la mela verde
[la 'me:la 'verde]
der grüne Apfel

la pera
[la 'pe:ra]
die Birne

la ciliegia
[la tʃi'ljɛ:dʒa]
die Kirsche

la prugna
[la 'pruɲɲa]
die Pflaume

l'oliva
[lo'li:va]
die Olive

la noce di cocco
[la 'no:tʃe di 'kɔkko]
die Kokosnuss

la fragola
[la 'fra:gola]
die Erdbeere

l'ananas
['lananas]
die Ananas

il melograno
[il melo'gra:no]
der Granatapfel

la mora
[la 'mɔ:ra]
die Brombeere

il lampone
[il lam'po:ne]
die Himbeere

il mirtillo
[il mir'tillo]
die Blaubeere

il ribes nero
[il 'ri:bes 'ne:ro]
die schwarze Johannisbeere

il ribes rosso
[il 'ri:bes 'rosso]
die rote Johannisbeere

la limetta
[la li'metta]
die Limette

il limone
[il li'mo:ne]
die Zitrone

l'avocado
[lavo'ka:do]
die Avocado

la pesca
[la 'pɛska]
der Pfirsich

la papaia
[la pa'pa:ja]
die Papaya

la banana
[la ba'na:na]
die Banane

il mango
[il 'maŋgo]
die Mango

l'arancia
[la'rantʃa]
die Orange

il mandarino
[il manda'ri:no]
die Mandarine

l'anguria
[lan'gu:rja]
die Wassermelone

l'uva
['lu:va]
die Weintraube

il melone
[il me'lo:ne]
die Melone

il kiwi
[il 'ki:wi]
die Kiwi

Getränke

Le bevande [le be'vande]

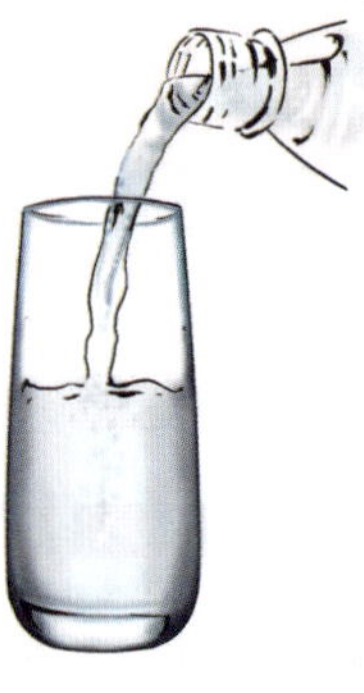

l'acqua
['lakkua]
das Wasser

l'acqua gassata /
l'acqua frizzante
['lakkua gas'sa:ta /
'lakkua frid'dzante]
das (Mineral)wasser
mit Kohlensäure

l'acqua minerale
['lakkua mine'ra:le]
das Mineralwasser

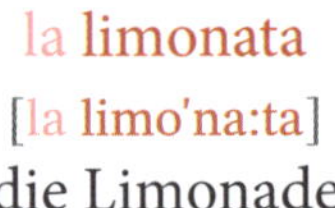

la limonata
[la limo'na:ta]
die Limonade

le bibite
[le 'bi:bite]
die Erfrischungsgetränke

il succo di carota
[il 'sukko di ka'rɔ:ta]
der Karottensaft

il succo d'ananas
[il 'sukko 'dananas]
der Ananassaft

il succo di mela
[il 'sukko di 'me:la]
der Apfelsaft

il succo di pomodoro
[il 'sukko di pomo'dɔ:ro]
der Tomatensaft

il succo d'arancia
[il 'sukko da'rantʃa]
der Orangensaft

il succo d'uva
[il 'sukko 'du:va]
der Traubensaft

In der Bar

Al bar [al bar]

il prosecco
[il pro'sekko]
der Sekt

la grappa
[la 'grappa]
der Grappa

il digestivo
[il didʒes'ti:vo]
der Verdauungsschnaps

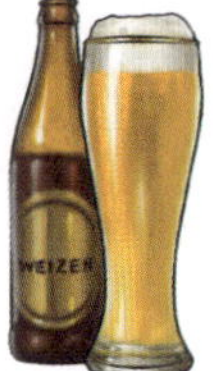

la birra
[la 'birra]
das Bier

il vino rosso
[il 'vi:no 'rosso]
der Rotwein

il vino bianco
[il 'vi:no 'bjanko]
der Weißwein

il vino rosé
[il 'vi:no ro'ze]
der Roséwein

Nel vino sta la verità. (latino: in vino veritas)
[nel 'vi:no sta la veri'ta] Im Wein liegt die Wahrheit.

Il vino è poesia in bottiglia.
[il 'vi:no ɛ poe'zi:a in bot'tiʎʎa] Wein ist Poesie in Flaschen.

Anche il vino bianco fa un naso rosso.
['anke il 'vi:no 'bjanko fa un 'na:so 'rosso]
Auch weißer Wein macht eine rote Nase.

La vita
è troppo corta
per bere
vino
cattivo.

[la vita ɛ ˈtrɔppo ˈkorta per ˈbe:re ˈvi:no katˈti:vo]

Das Leben ist viel zu kurz,
um schlechten Wein zu trinken.

Johann Wolfgang von Goethe

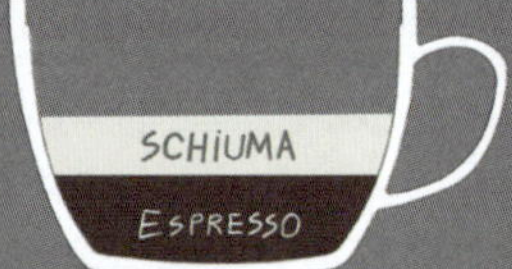

l'espresso [les'prεsso]

il macchiato [il mak'kja:to]

il caffè lungo [il kaf'fε 'lungo]

il caffè con panna [il kaf'fε kon 'panna]

l'affogato [laffo'ga:to]

Im Café

Nel caffè [nel kaf'fε]

l'espresso

der Kaffee mit sehr kräftigem Geschmack

il macchiato

der doppelte Espresso mit etwas Milchschaum

il caffè lungo

der Espresso mit Wasser verdünnt

il caffè con panna

der Espresso mit [geschlagener] Sahne

l'affogato

das Vanilleeis in Espresso

il caffelatte

[il kaffɛ'latte]

il cappuccino

[il kapput'tʃi:no]

il caffè corretto

[il kaf'fɛ kor'rɛtto]

la cioccolata calda

[la tʃokko'la:ta 'kalda]

il latte caldo

[il 'latte 'kaldo]

il caffelatte

der Milchkaffee

il cappuccino

der Milchkaffee mit wenig Milchschaum

il caffè corretto

der Espresso mit Likör und Milchschaum

la cioccolata calda

die heiße Schokolade

il latte caldo

die heiße Milch

Tee

tè [te]

1. il tè nero
[il te 'ne:ro]
der schwarze Tee

2. il tè bianco
[il te 'bjanko]
der weiße Tee

3. il tè verde
[il te 'verde]
der grüne Tee

4. il tè alla frutta
[il te 'alla 'frutta]
der Früchtetee

5. il tè giallo
[il te 'dʒallo]
der gelbe Tee

6. la tisana
[la ti'zana]
der Kräutertee

Mi scusi, vorrei ordinare.

[mi 'sku:zi vor'rɛ:i ordi'na:re]

Entschuldigung!
Ich würde gerne bestellen.

Qual è la specialità del posto?

['kua:l ɛ la spetʃali'ta del 'posto]

Was ist die regionale Spezialität?

Im Restaurant

Al ristorante [al risto'rante]

il ristorante [il risto'rante]
das Restaurant / das Lokal / die Gaststätte

il menù [il me'nu]
die Speisekarte

l'antipasto [lanti'pasto]
die Vorspeise

la portata principale [la por'ta:ta printʃi'pa:le]
das Hauptgericht

il dolce [il 'dolce]
der Nachtisch

Ha un tavolo per due persone? [a un 'ta:volo per 'du:e per'so:ne]	Haben Sie einen Tisch für zwei Personen?
Qual è il piatto del giorno? ['kua:l ɛ il 'pjatto del 'dʒorno]	Gibt es ein Tagesmenü?
Cosa mi consiglia? ['kɔ:sa mi kon'siʎʎa]	Was können Sie mir empfehlen?
Vorrei… [vor'rɛ:i]	Ich hätte gerne...

il pasto [il 'pasto]	das Essen
la colazione [la kolat'tsjo:ne]	das Frühstück
il pranzo [il 'prandzo]	das Mittagessen
la cena [la 'tʃe:na]	das Abendessen

Buon appetito!

[buɔn appe'ti:to]

Guten Appetit!

Il conto, per favore.
[il 'konto per fa'vo:re]

Die Rechnung, bitte.

Il cibo è stato molto buono! — Das Essen war sehr gut!
[il 'tʃi:bo ɛ 'sta:to 'molto 'buɔ:no]

Delizioso! — Köstlich!
[delit'tsjo:so]

Tenga il resto. — Das ist für Sie.
['tenga il 'rɛsto]

la mancia — das Trinkgeld
[la 'mantʃa]

il pepe
[il 'pe:pe]
der Pfeffer

il sale
[il 'sa:le]
das Salz

Die Gewürze

I condimenti [i kondi'menti]

il peperoncino in polvere
[il peperon'tʃi:no in 'polvere]
das Chillipulver

il pesto
[il 'pesto]
das Pesto

la polvere di curry
[la 'polvere di 'kɛrri]
das Currypulver

la mostarda
[la mos'tarda]
der Senf

il ketchup
[il'kɛtʃap]
der Tomatenketchup

la maionese
[la majo'ne:se]
die Mayonnaise

lo zucchero
[lo 'tsukkero]
der Zucker

il dolcificante
[il doltʃifi'kante]
der Süßstoff

la polvere di paprika
[la 'polvere di 'pa:prika]
das Paprikapulver

il parmigiano
[il parmi'dʒa:no]
der Parmesankäse

la salsa di soia
[la 'salsa di 'sɔ:ja]
die Sojasoße

la marmellata
[la marmel'la:ta]
die Marmelade

il miele
['il 'mjɛ:le]
der Honig

il burro d'arachidi
[il 'burro da'ra:kidi]
die Erdnussbutter

il burro
[il 'burro]
die Butter

il formaggio
[il for'maddʒo]
der Käse

il toast
[il 'tɔst]
der Toast

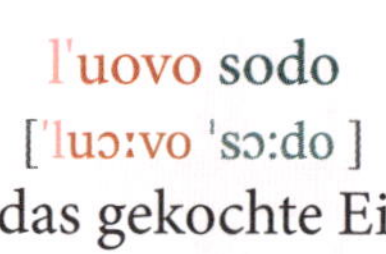

l'uovo sodo
['luɔ:vo 'sɔ:do]
das gekochte Ei

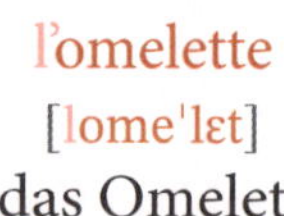

l'omelette
[lome'lɛt]
das Omelett

Das Frühstück

La colazione [la kolat'tsjo:ne]

il muesli
[il 'mju:zlɪ]
das Müsli

lo yogurt
[lo'iɔ:gurt]
der Joghurt

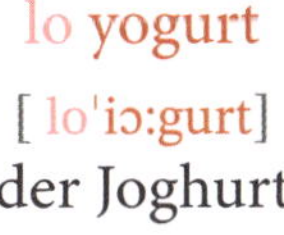

la macedonia
[la matʃe'dɔ:nja]
der Obstsalat

l'uovo al tegamino
['luɔ:vo al tega'mi:no]
das Spiegelei

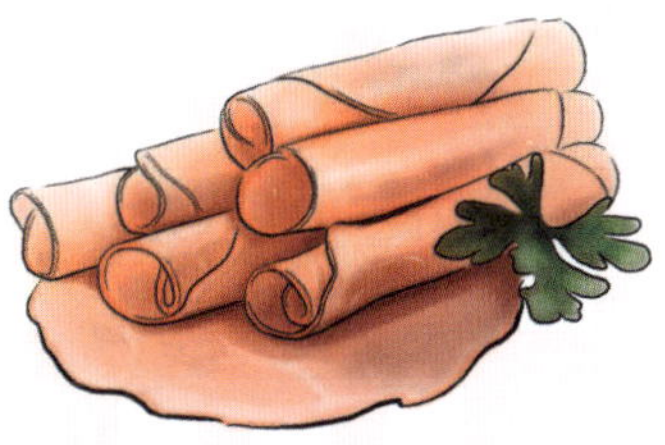

il prosciutto
[il proʃ'ʃutto]
der Schinken

l'uovo strapazzato
['luɔ:vo strapat'tsa:to]
das Rührei

Conchiglie
[koˈŋkiːʎe]

Penne
[ˈpenne]

Farfalle
[farˈfalle]

Lasagna
[laˈzaːɲa]

Conchiglioni
[koŋkiʎˈʎoːni]

Maccheroni
[makkeˈroːni]

Gnocchi
[ˈɲɔkki]

Tortellini
[tortelˈliːni]

Fusilli
[fuˈsilli]

Ravioli
[raviˈɔːli]

Fettuccine
[fettutˈʧiːne]

Gomiti
[ˈgoːmiti]

Pappardelle
[papparˈdɛlle]

Rigatoni
[rigaˈtoːni]

Ruote
[ˈruɔːte]

Spaghetti
[spaˈgetti]

Tagliatelle
[taʎʎaˈtɛlle]

PIZZA

['pittsa]

margherita
[marge'ri:ta]

marinara
[mari'na:ra]

romana
[ro'ma:na]

prosciutto e funghi
[proʃ'ʃutto e 'fuŋgi]

capricciosa
[kaprit'tʃo:sa]

quattro stagioni
['kuattro sta'dʒo:ni]

quattro formaggi
['kuattro for'maddʒi]

siciliana
[sitʃi'lja:na]

Die Vorspeisen

Gli antipasti [ʎi anti'pasti]

bruschetta
[brus'ketta]
Bruschetta

caprese
[ka'pre:se]
Caprese

prosciutto e melone
[proʃ'ʃutto e me'lo:ne]
Schinken und Melone

insalata di mare
[insa'la:ta di 'ma:re]
Meeresfrüchte-Salat

piadina
[pja'di:na]
Fladenbrot

affettato misto
[affet'ta:to 'misto]
gemischter Aufschnitt

Das Hauptgericht

Le portate principali [le por'ta:te printʃi'pa:li]

penne all'arrabbiata
['penne allarrab'bja:ta]
Penne Arrabbiata

risotto
[ri'sɔtto]
Risotto

spaghetti alla carbonara
[spa'getti 'alla karbo'na:ra]
Spaghetti Carbonara

spaghetti alla bolognese
[spa'getti 'alla boloɲ'ɲe:se]
Spaghetti Bolognese

spaghetti alle vongole
[spa'getti 'alle 'vongole]
Spaghetti mit Venusmuscheln

tagliatelle con panna e funghi
[taʎʎa'tɛlle kon 'panna e 'fuŋgi]
Tagliatelle mit Sahne und Pilzen

polenta e porcini
[po'lɛnta e por'tʃi:ni]
Polenta und Steinpilze

Die Süßspeisen

I Dolci [iˈdoltʃi]

1. il tiramisù [il tiramiˈsu]
2. la panna cotta [la ˈpanna ˈkɔtta]
3. la meringa [la meˈringa]
4. il babà [il baˈba]
5. il cannolo siciliano [il kanˈnɔːlo sitʃiˈljaːno]
6. il gelato [il dʒeˈlaːto]
7. la torta di mele [la ˈtorta di ˈmɛːle]
8. il bombolone [il bomboˈloːne]
9. il tartufo [il tarˈtuːfo]
10. il panettone [il panetˈtoːne]
11. il torrone [il torˈroːne]

1
3
2
4
5
7
6
8
9
11
10

Einkaufsmöglichkeiten

Dove fare acquisti ['do:ve 'fa:re ak'kuisti]

Alì®
Auchan®
Bennet®
La Rinascente®
Coop®
Carrefour®
Gigante®
Oriocenter®
Emisfero®
Esselunga®

il centro commerciale

[il 'tʃɛntro kommer'tʃa:le]

das Einkaufszentrum

il grande magazzino

[il 'grande magad'dzi:no]

das Kaufhaus

il supermercato

[il supermer'ka:to]

der Supermarkt

l'ipermercato

[lipermer'ka:to]

der Großmarkt

il negozio di alimentari

[il ne'gɔttsjo di alimen'ta:ri]

der Lebensmittelladen

Alles, was das Herz begehrt

Tutto ciò che desideri ['tutto tʃɔ ke de'si:deri]

il negozio di cosmetici

[il ne'gɔttsjo di koz'me:titʃi]

die Parfümerie

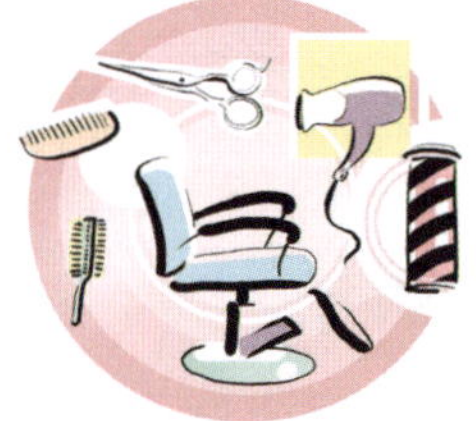

il parrucchiere

[il parruk'kjɛ:re]

der Friseursalon

il gioielliere

[il dʒojel'ljɛ:re]

das Juweliergeschäft

il negozio di fiori

[il ne'gɔttsjo di 'fjo:ri]

der Blumenladen

la boutique di moda

[la bu'tik di 'mɔ:da]

die Modeboutique

---

il negozio di calzature

[il ne'gɔttsjo di kaltsa'tu:re]

das Schuhgeschäft

---

il negozio di souvenir

[il ne'gɔttsjo di suve'ni:r]

der Souvenirladen

---

il negozio di antiquariato

[il ne'gɔttsjo di antikua'rja:to]

das Antiquitätengeschäft

Vorrei… [vor'rɛːi]	Ich möchte...
una camicia. [una ka'mi:tʃa]	ein Hemd.
un paio di pantaloni. [un'pa:jo di panta'lo:ni]	eine Hose.
un paio di scarpe. [un'pa:jo di 'skarpe]	ein Paar Schuhe.
un paio di calze. [un'pa:jo di 'kaltse]	ein Paar Strümpfe.
due camicette. ['du:e kami'tʃette]	zwei Blusen.
tre giacche. [tre 'dʒakke]	drei Jacken.
quattro gonne. ['kuattro 'gonne]	vier Röcke.
cinque cappotti. ['ʧiŋkwe kap'pɔtti]	fünf Mäntel.

Quanto costa? ['kuanto 'kɔsta]	Wie viel kostet das?
Costa ... Euro. ['kɔsta 'ɛːuro]	Das kostet...Euro.
È molto costoso. [ɛ 'molto kos'toːso]	Das ist sehr teuer.
Può farmi un prezzo migliore? ['puɔ 'faːrmi un 'prɛttso miʎ'ʎoːre]	Können Sie mir das günstiger verkaufen?
È molto economico. [ɛ 'molto eko'nɔːmiko]	Das ist sehr billig.
Grazie, va bene così. ['grattsje va 'bɛːne ko'si]	Danke, das ist in Ordnung.
È a buon prezzo. [ɛ a buɔn 'prɛttso]	Das ist preisgünstig.
È troppo corto / troppo lungo. [ɛ 'trɔppo 'korto / 'trɔppo 'lungo]	Das ist zu kurz / zu lang.
È troppo stretto / troppo largo. [ɛ 'trɔppo 'stretto / 'trɔppo 'largo]	Das ist zu eng / zu weit.

Posso provarlo?

['pɔsso pro'vaːrlo]

Kann ich das anprobieren?

Dov'è il camerino?

[do'vɛ il kame'riːno]

Wo ist die Umkleidekabine?

['saldi]
Rabatt

in svendita

[in 'zvendita] Ausverkauf

sconto

['skonto] Preisnachlass

offerta speciale

[of'fɛrta spe'tʃa:le] Sonderangebot

promozione

[promot'tsjo:ne] Werbeaktion

Die Farben

I colori [i ko'lo:ri]

bianco
['bjanko]
weiß

nero
['nero]
schwarz

arancio
[a'rantʃo]
orange

marrone
[mar'ro:ne]
braun

grigio
['gri:dʒo]
grau

blu chiaro, azzurro
[blu 'kja:ro, ad'dzurro]
hellblau

chiaro
['kja:ro]
hell

scuro
['sku:ro]
dunkel

Die Zahlen

I numeri [i 'nu:meri]

0	zero	['dzɛ:ro]
1	uno	['u:no]
2	due	['du:e]
3	tre	[tre]
4	quattro	['kuattro]
5	cinque	['tʃinkue]
6	sei	['sɛ:i]
7	sette	['sɛtte]
8	otto	['ɔtto]
9	nove	['nɔ:ve]
10	dieci	['djɛ:tʃi]
11	undici	['unditʃi]
12	dodici	['do:ditʃi]
13	tredici	['tre:ditʃi]
14	quattordici	[kuat'torditʃi]
15	quindici	['kuinditʃi]
16	sedici	['se:ditʃi]
17	diciassette	[ditʃas'sɛtte]
18	diciotto	[di'tʃɔtto]
19	diciannove	[ditʃan'nɔ:ve]
20	venti	['venti]
21	ventuno	[ven'tu:no]
22	ventidue	[venti'du:e]
23	ventitrè	[venti'tre]
24	ventiquattro	[venti'kuattro]
25	venticinque	[venti'tʃiŋkue]

26	ventisei	[venti'sɛːi]
27	ventisette	[venti'sɛtte]
28	ventotto	[ven'tɔtto]
29	ventinove	[venti'nɔːve]
30	trenta	['trenta]
40	quaranta	[kuaˈranta]
50	cinquanta	[ʧɪŋ'kuanta]
60	sessanta	[ses'santa]
70	scttanta	[set'tanta]
80	ottanta	[ot'tanta]
90	novanta	[no'vanta]
100	cento	['tʃɛnto]
101	cento uno	['tʃɛnto 'uːno]
102	cento due	['tʃɛnto 'duːe]
200	duecento	[due'tʃɛnto]
300	trecento	[tre'tʃɛnto]
400	quattrocento	[kuattroˈʧɛnto]
500	cinquecento	[ʧɪŋkueˈʧɛnto]
700	settecento	[sette'tʃɛnto]
800	ottocento	[otto'tʃɛnto]
900	novecento	[nove'tʃɛnto]
1000	mille	['mille]
10 000	diecimila	[djɛʧɪˈmiːla]
100 000	centomila	[tʃento'miːla]
1 000 000	un milione	[un miˈljoːne]

il primo/ la prima

[il 'pri:mo / la 'pri:ma]
der / die / das Erste

2

il secondo / la seconda

[il se'kon:do / la se'kon:da]
der / die / das Zweite

il terzo / la terza

[il 'tɛr:tso / la 'tɛr:tsa]
der / die / das Dritte

il quarto / la quarta — der / die / das Vierte
[il ˈkuarto / la ˈkuarta]

---

il quinto / la quinta — der / die / das Fünfte
[il ˈkuinto / la ˈkuinta]

---

il sesto / la sesta — der / die / das Sechste
[il ˈsɛsto / la ˈsɛsta]

---

il settimo / la settima — der / die / das Siebte
[il ˈsɛttimo / la ˈsɛttima]

---

il ottavo / la ottava — der / die / das Achte
[il otˈta:vo / la otˈta:va]

---

il nono / la nona — der / die / das Neunte
[il ˈnɔ:no / la ˈnɔ:na]

---

il decimo / la decima — der / die / das Zehnte
[il ˈdɛ:tʃɪmo / la ˈdɛ:tʃɪma]

Die Zeit und das Wetter

Il tempo e il clima [il 'tɛmpo e il 'kli:ma]

Wann denn?

Quando? ['kuando]

ieri
['jɛ:ri]
gestern

ieri sera
['jɛ:ri 'se:ra]
gestern Abend

altro ieri
['altro 'jɛ:ri]
vorgestern

la settimana scorsa
[la setti'ma:na 'skorsa]
letzte Woche

l'anno scorso
['lanno 'skorso]
letztes Jahr

oggi
['ɔddʒi]

heute

domani
[do'ma:ni]

morgen

dopodomani
[dopodo'ma:ni]

übermorgen

la settimana prossima
[la setti'ma:na 'prɔssima]

nächste Woche

l'anno prossimo
['lanno 'prɔssimo]

nächstes Jahr

Rund um die Uhr

A proposito del tempo
[a proˈpɔːzito del ˈtɛmpo]

l'orario	[loˈraːrjo]	die Uhrzeit
l'orologio	[loroˈlɔːdʒo]	die Uhr
il secondo	[il seˈkondo]	die Sekunde
dei secondi	[ˈdeːi seˈkondi]	die Sekunden
il minuto	[il miˈnuːto]	die Minute
dei minuti	[ˈdeːi miˈnuːti]	die Minuten
il quarto d'ora	[il ˈkuarto ˈdoːra]	die Viertelstunde
la mezz'ora	[la mɛdˈdzoːra]	die halbe Stunde
l'ora	[ˈloːra]	die Stunde
delle ore	[ˈdelle ˈoːre]	die Stunden

il mattino

[il mat'tiːno]

der Morgen

il mezzogiorno

[il meddzo'ʤorno]

der Mittag

il pomeriggio

[il pome'riddʒo]

der Nachmittag

la sera

[la 'seːra]

der Abend

la notte

[la 'nɔtte]

die Nacht

la mezzanotte

[la meddza'nɔtte]

die Mitternacht

presto

['prɛsto] früh

tardi

['tardi] spät

Che ore sono?

[ke 'o:re 'so:no]

Wie spät ist es?

7:10

Sono le sette e dieci.

['so:no le 'sɛtte e 'djɛ:tʃɪ]

Es ist zehn (Minuten) nach sieben.

E' l'una.

[ɛ ˈluːna]

Es ist ein Uhr.

7:15

Sono le sette e un quarto.

[ˈso:no le ˈsɛtte e un ˈkuarto]

Es ist Viertel nach sieben.

7: 55

Sono le otto meno cinque.

[ˈso:no le ˈɔtto ˈme:no ˈtʃinkue]

Es ist fünf (Minuten) vor acht.

08:00

Sono le otto di mattina.

['so:no le 'ɔtto di mat'tiːna]

Es ist acht Uhr morgens.

9:50

Sono le dieci meno dieci.

['so:no le 'djɛ:tʃı 'me:no 'djɛ:tʃı]

Es ist zehn vor zehn.

10:00

Sono le dieci in punto.

['so:no le 'djɛ:tʃı in 'punto]

Es ist genau zehn Uhr.

10:10

Sono le dieci e dieci.

['so:no le 'djɛ:tʃı e 'djɛ:tʃı]

Es ist zehn nach zehn.

10:30

Sono le dieci e mezza.

['so:no le 'djɛ:tʃi e 'mɛddza]

Es ist halb elf.

12:00

Sono le dodici. / È mezzogiorno.

['so:no le 'do:ditʃi / ɛ meddzo'dʒo:rno]

Es ist zwölf Uhr / Mittag.

17:45

Sono le sei meno un quarto di sera.

['so:no le 'sɛ:i 'me:no un'kuarto di 'se:ra]

Es ist Viertel vor sechs Uhr abends.

20:00

Sono le otto di sera.

['so:no le 'ɔtto di 'se:ra]

Es ist acht Uhr abends.

Die Wochentage

I giorni della settimana [i 'dʒorni 'della setti'ma:na]

domenica [do'me:nika]	**lunedì** [lune'di]	**martedì** [marte'di]
Sonntag	Montag	Dienstag

il giorno lavorativo [il 'dʒorno lavora'ti:vo] — der Werktag

il fine settimana [il 'fi:ne setti'ma:na] — das Wochenende

il giorno festivo [il 'dʒorno fes'ti:vo] — der Feiertag

il giorno di riposo [il 'dʒorno di ri'pɔ:so] — der Ruhetag

mercoledì	giovedì	venerdì	sabato
[merkole'di]	[dʒove'di]	[vener'di]	['sa:bato]
Mittwoch	Donnerstag	Freitag	Samstag

Che giorno è oggi? [ke 'dʒorno ɛ 'ɔddʒi]	Welchen Tag haben wir heute?
Oggi è lunedì. ['ɔddʒi ɛ lune'di]	Heute ist Montag.
Quanti ne abbiamo oggi? ['kuanti ne ab'bia:mo 'ɔddʒi]	Welches Datum haben wir heute?
Oggi è il 10 di gennaio. ['ɔddʒi ɛ il 'djɛ:tʃi di dʒen'na:jo]	Heute ist der 10. Januar.
Oggi è un giorno festivo? ['ɔddʒi ɛ un 'dʒorno fes'ti:vo]	Ist heute ein Feiertag?

gennaio

[dʒen'na:jo]
Januar

febbraio

[feb'bra:jo]
Februar

maggio

['maddʒo]
Mai

giugno

['dʒuɲɲo]
Juni

9

settembre

[set'tɛmbre]
September

10

ottobre

[ot'to:bre]
Oktober

Die zwölf Monate des Jahres

I dodici mesi dell'anno [i 'do:ditʃi 'me:si dɛl'lanno]

3

marzo

['martso]
März

4

aprile

[a'pri:le]
April

7

luglio

['luʎʎo]
Juli

8

agosto

[a'gosto]
August

11

novembre

[no'vɛmbre]
November

12

dicembre

[di'tʃɛmbre]
Dezember

Das Wetter und die Jahreszeiten

Il clima e le stagioni [il ˈkli:ma e le staˈdʒo:ni]

 la primavera [la primaˈvɛːra] der Frühling	 l'estate [lesˈtaːte] der Sommer
 l'autunno [lauˈtunno] der Herbst	 l'inverno [linˈvɛrno] der Winter

Che tempo fa oggi? [ke 'tɛmpo fa 'ɔddʒi]	Wie ist das Wetter heute?
Oggi il tempo è bello. ['ɔddʒi il 'tɛmpo ɛ 'bɛllo]	Das Wetter ist heute schön.
C'è il sole. [tʃe il 'so:le]	Die Sonne scheint.
Oggi il tempo è brutto. ['ɔddʒi il 'tɛmpo ɛ 'brutto]	Das Wetter ist heute schlecht.
Fa caldo. [fa 'kaldo]	Es ist heiß.
Fa molto caldo. [fa 'molto 'kaldo]	Es ist sehr heiß.
Ho molto caldo. [ɔ 'molto 'kaldo]	Mir ist sehr heiß.
Fa molto freddo. [fa 'molto 'freddo]	Es ist sehr kalt.
Ho molto freddo. [ɔ 'molto 'freddo]	Mir ist sehr kalt.
C'è vento. [tʃe 'vɛnto]	Es ist windig.
C'è nebbia. [tʃe 'nebbja]	Es ist neblig.
Piove. ['pjɔ:ve]	Es regnet.
Pioviggina. [pjo'viddʒina]	Es nieselt.
Nevica. ['ne:vika]	Es schneit.

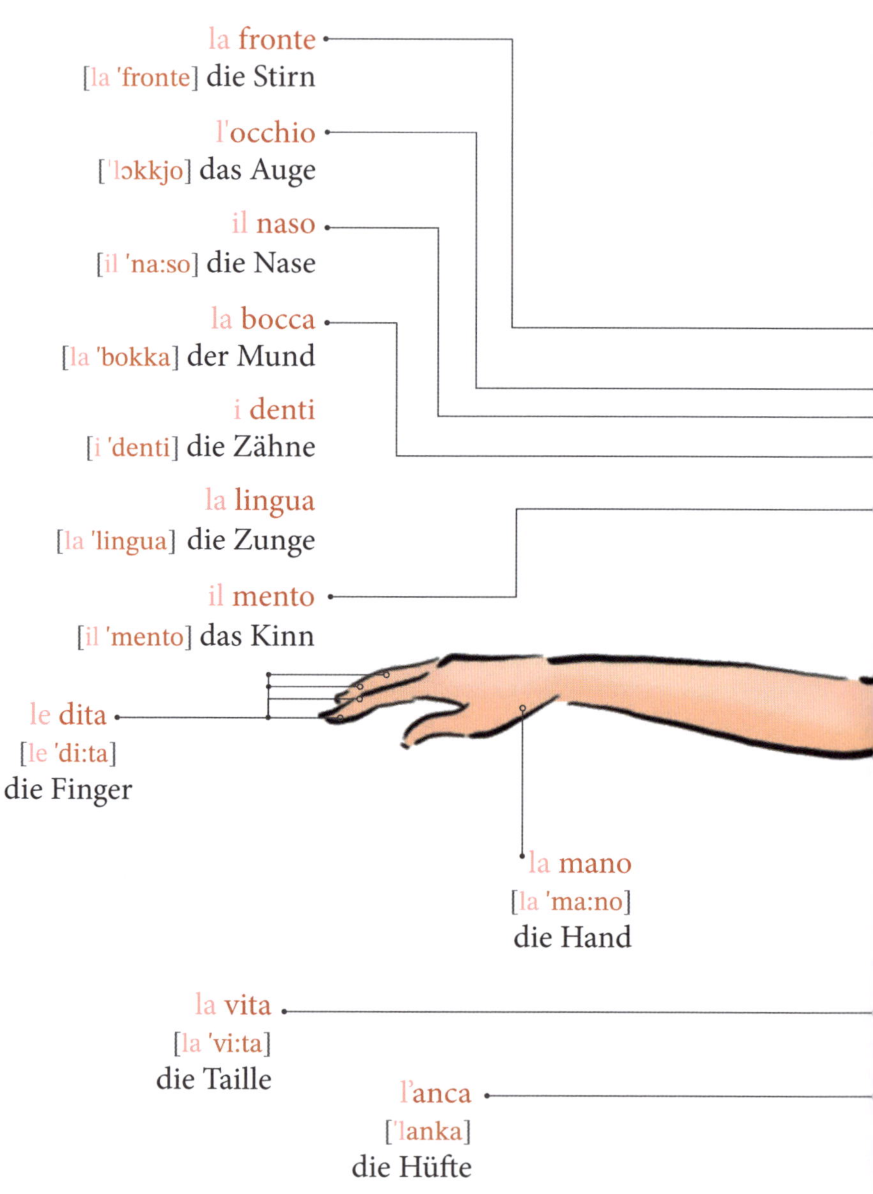

Die Körperteile

Le parti del corpo [le 'parti del 'kɔrpo]

Der Körper und die Gesundheit

Il corpo e la salute [il ˈkɔrpo e la saˈlute]

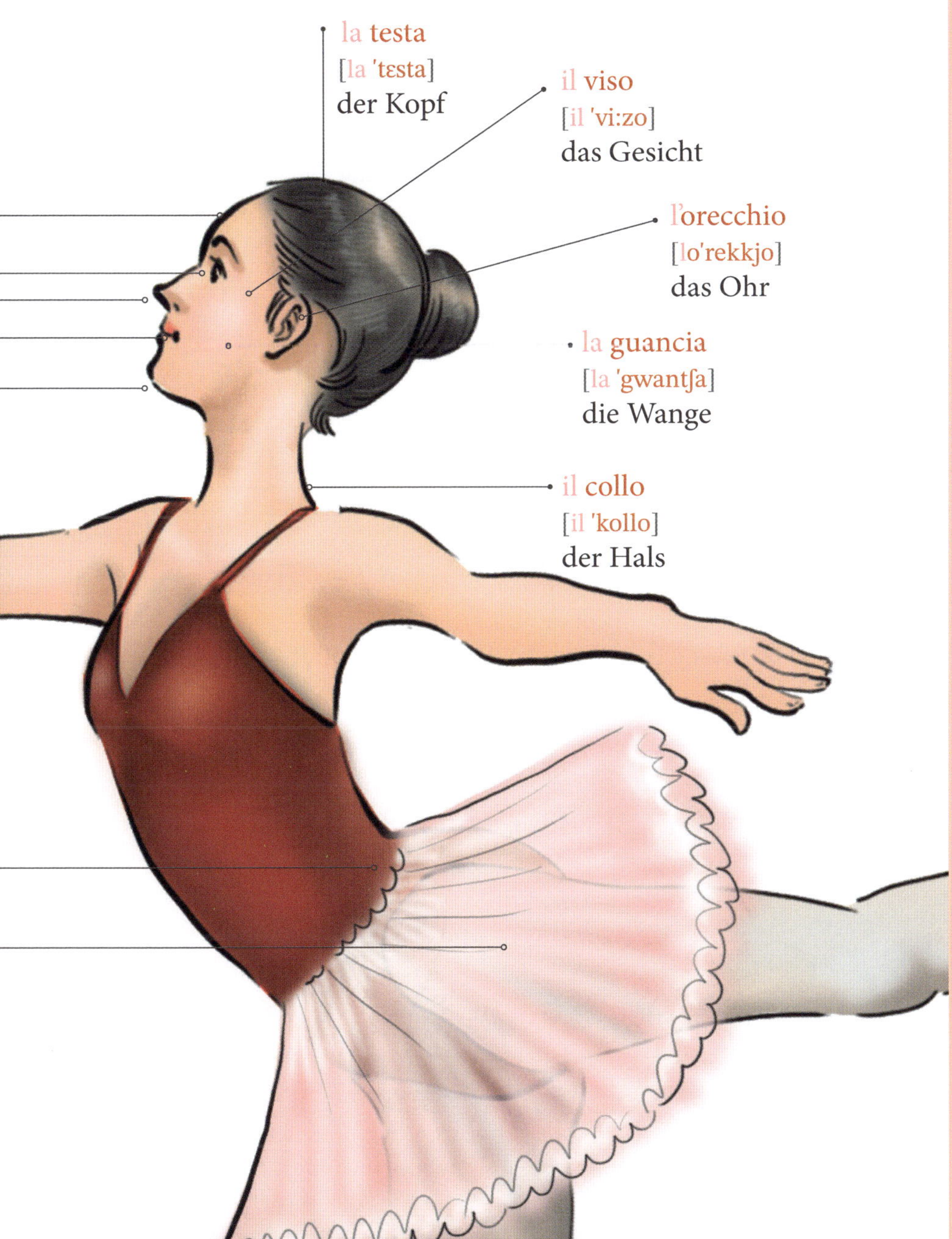

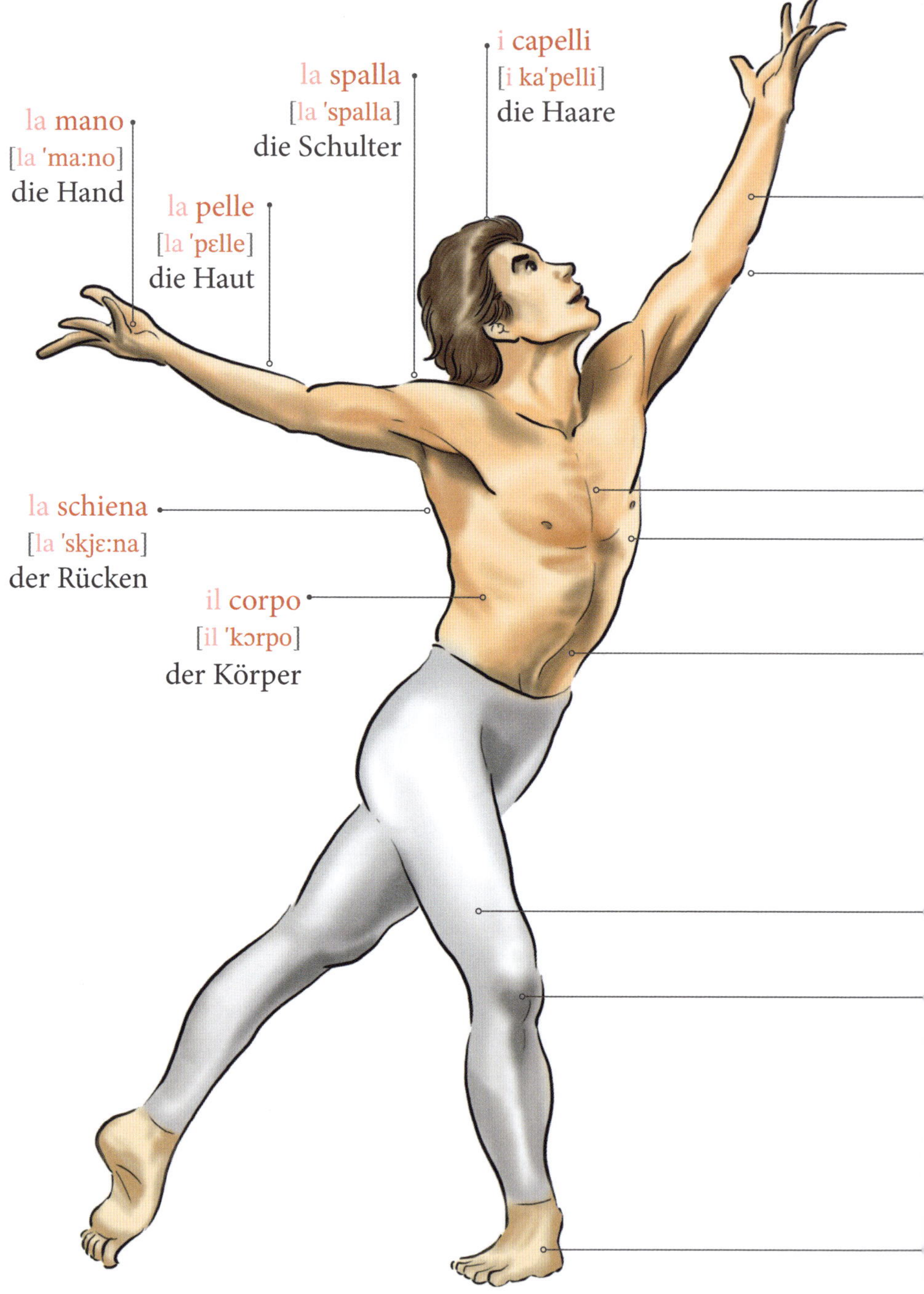
i capelli
[i ka'pelli]
die Haare
la spalla
[la 'spalla]
die Schulter
la mano
[la 'ma:no]
die Hand
la pelle
[la 'pɛlle]
die Haut
la schiena
[la 'skjɛ:na]
der Rücken
il corpo
[il 'kɔrpo]
der Körper

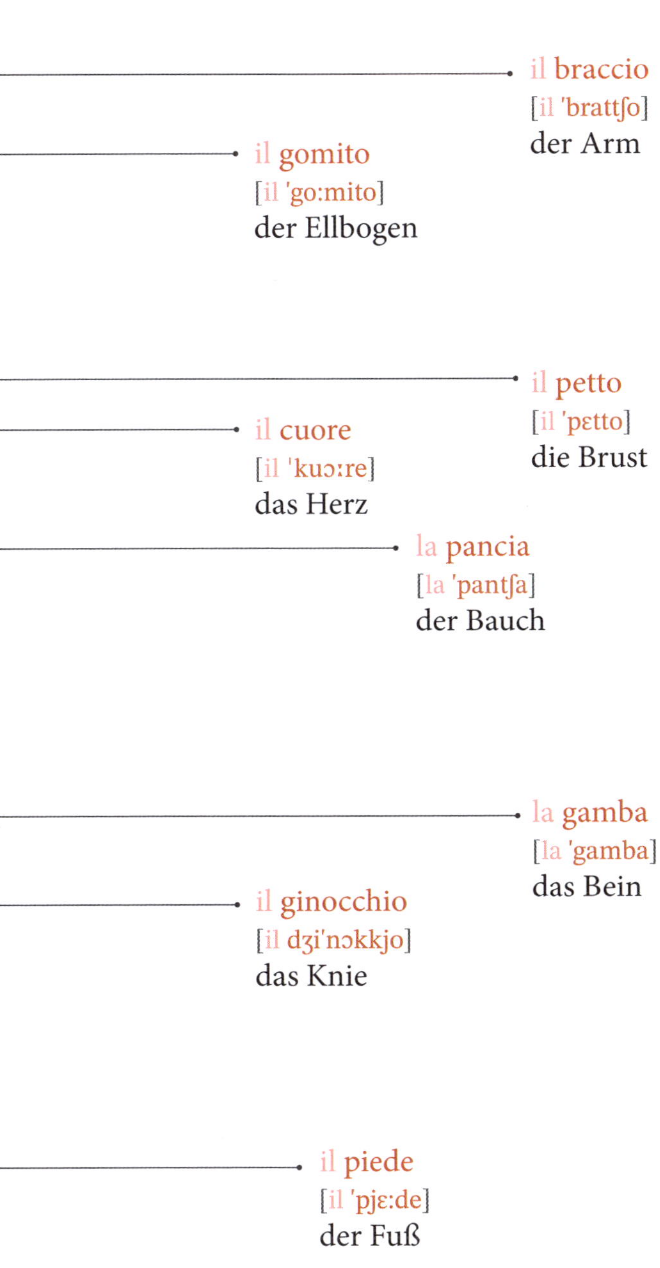
il braccio
[il 'brattʃo]
der Arm
il gomito
[il 'go:mito]
der Ellbogen
il petto
[il 'pɛtto]
die Brust
il cuore
[il 'kuɔ:re]
das Herz
la pancia
[la 'pantʃa]
der Bauch
la gamba
[la 'gamba]
das Bein
il ginocchio
[il dʒi'nɔkkjo]
das Knie
il piede
[il 'pjɛ:de]
der Fuß

Wenn man sich krank fühlt

Quando ci si sente male ['kuando ʧi si 'sente 'ma:le]

Sono malato. ['so:no ma'la:to]	Ich bin krank.
Mi viene da vomitare. [mi 'vje:ne da vomi'ta:re]	Ich muss mich übergeben.
Ho nausea. [ɔ 'na:uzea]	Mir ist übel.
Fa male qui. [fa 'ma:le ku'i]	Hier tut es weh.
Ho la febbre. [ɔ la 'fɛbbre]	Ich habe Fieber.
Ho mal di testa. [ɔ mal di 'tɛsta]	Ich habe Kopfschmerzen.
Ho mal di pancia. [ɔ mal di 'pantʃa]	Ich habe Bauchschmerzen.

Ho mal di gola. [ɔ mal di 'go:la]	Ich habe Halsschmerzen.
Ho mal di schiena. [ɔ mal di 'skjɛ:na]	Ich habe Rückenschmerzen.
Ho mal di denti. [ɔ mal di 'denti]	Ich habe Zahnschmerzen.
Soffro di stitichezza. ['sɔffro di stiti'kettsa]	Ich habe Verstopfung.
Ho la diarrea. [ɔ la diar'rɛ:a]	Ich habe Durchfall.
Ho un'allergia. [ɔ unaller'dʒi:a]	Ich habe eine Allergie.
Ho prurito. [ɔ pru'ri:to]	Ich habe Juckreiz.

la farmacia

[la farma'ʧiːa] die Apotheke

l'ospedale

[lospe'daːle] das Krankenhaus

la medicina

[la medi'ʧiːna] die Medizin

il dottore / la dottoressa

[il dot'toːre / la dotto'reːssa] der Arzt / die Ärztin

l'infermiere

[linfer'mjeːre] der Krankenpfleger

l'infermiera

[linfer'mjeːra] die Krankenschwester

Salute!

[sa'lu:te]

Gesundheit!

Tätigkeiten des Alltags

Attività quotidiana [attivi'ta kwoti'djana]

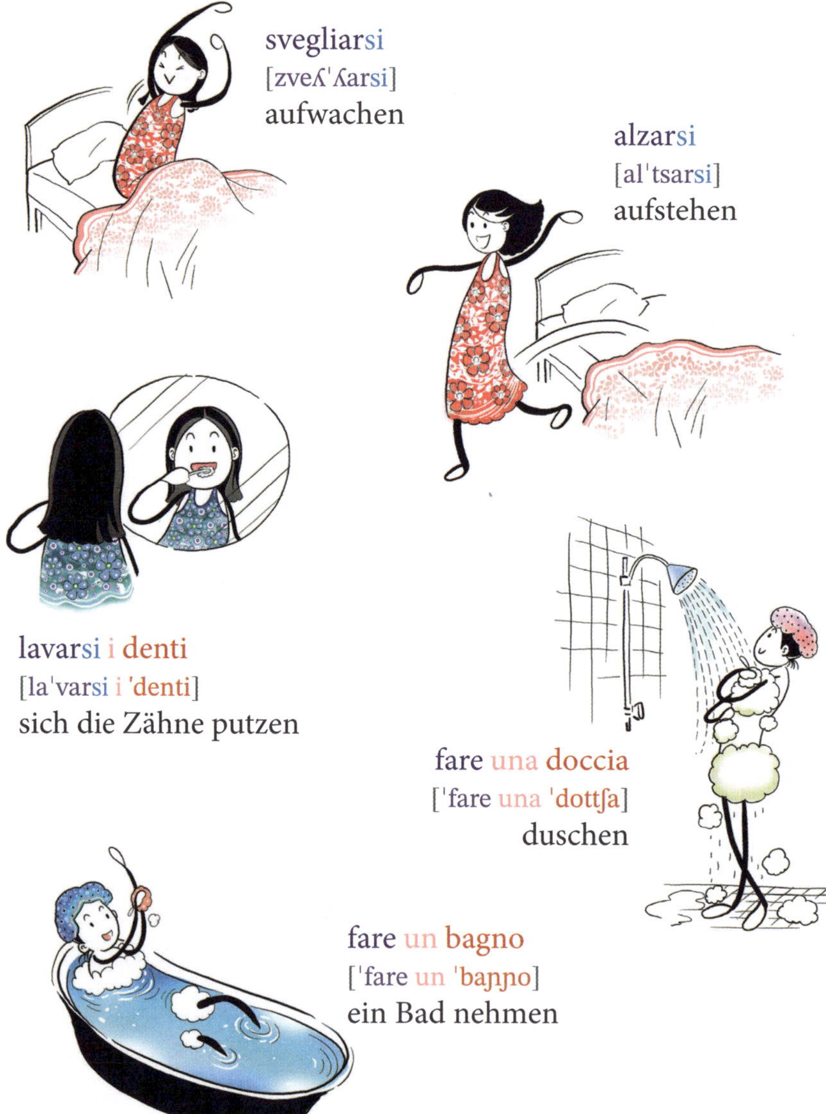

svegliarsi
[zveʎ'ʎarsi]
aufwachen

alzarsi
[al'tsarsi]
aufstehen

lavarsi i denti
[la'varsi i 'denti]
sich die Zähne putzen

fare una doccia
['fare una 'dottʃa]
duschen

fare un bagno
['fare un 'baɲɲo]
ein Bad nehmen

cucinare
[kutʃi'nare]
kochen

mangiare
[man'dʒare]
essen

bere
['bere]
trinken

scrivere
['skrivere]
schreiben

leggere
['lɛddʒere]
lesen

vedere
[ve'dere]
anschauen

aspettare
[aspet'tare]
warten

incontrare
[inkon'trare]
treffen

dare
['dare]
geben

essere soddisfatto
['ɛssere soddis'fatto]
zufrieden

ballare
[bal'lare]
tanzen

ridere
['ridere]
lachen

piangere
['pjandʒere]
weinen

lasciare / abbandonare
[laʃ'ʃare/ abbando'nare]
gehen / verlassen

telefonare
[telefo'nare]
telefonieren

fare sport
['fare spɔrt]
Sport treiben

dipingere
[di'pindʒere]
malen

osservare
[osser'vare]
beobachten

cantare
[kan'tare]
singen

fotografare
[fotogra'fare]
fotografieren

divertirsi
[diver'tirsi]
sich amüsieren

vendere
['vɛndere]
verkaufen

comprare
[kom'prare]
kaufen

lavorare
[lavo'rare]
arbeiten

insegnare
[inseɲ'ɲare]
lehren

apprendere
[ap'prɛndere]
lernen

abbracciare
[abbrat'tʃare]
umarmen

amare
[a'mare]
lieben

baciare
[ba'tʃare]
küssen

sposarsi
[spo'zarsi]
heiraten

Notfälle

Emergenze [emer'ʤɛntse]

Ho urgentemente bisogno di un bagno.

[ɔ urʤɛnte'mente bi'zoːɲo di un 'baːɲo]

Ich benötige dringend eine Toilette.

Dov'è il bagno?

[do'vɛ il 'baːɲo]

Wo ist die Toilette?

C'è un bagno pubblico qui?

[ˈtʃɛ un ˈbaːɲo ˈpubbliko kuˈi]

Gibt es hier eine öffentliche Toilette?

Devo andare immediatamente all'ospedale.

['dɛ:vo an'da:re immedjata'mente allospe'da:le]

Ich muss sofort ins Krankenhaus.

Chiamate la polizia, per favore!

[kja'ma:te la polit'tsi:a per fa'vo:re]

Rufen Sie bitte die Polizei!

Was sagen uns die Schilder?

Cosa ci dicono i segnali? [ˈkɔːsa tʃi ˈdiːkono i seˈɲaːli]

ATTENZIONE
[attenˈtsjoːne]

ACHTUNG

SENSO VIETATO
[ˈsɛnso vjeˈtaːto]

KEIN DURCHGANG

DIVIETO D'ACCESSO
[diˈvjɛːto datˈtʃɛsso]

GESPERRT

PERICOLO DI MORTE
[peˈriːkolo di ˈmɔrte]

LEBENSGEFAHR

DEVIAZIONE

DEVIAZIONE
[deviatˈtsjoːne]

UMLEITUNG

ATTENZIONE,
SCUOLA!

ATTENZIONE, SCUOLA!
[attenˈtsjoːne ˈskuɔːla]

ACHTUNG SCHULE

DIVIETO DI PARCHEGGIO
[diˈvjɛ:to di parˈkeddʒo]

PARKEN VERBOTEN

SENSO UNICO
[ˈsɛnso ˈu:niko]

EINBAHNSTRAßE

PARCHEGGIO
[parˈkeddʒo]

PARKPLATZ

PASSO CARRABILE
LASCIARE LIBERO IL PASSAGGIO
[ˈpasso karˈra:bile laʃˈʃa:re ˈli:bero il pasˈsaddʒo]

EINFAHRT TAG UND NACHT FREIHALTEN

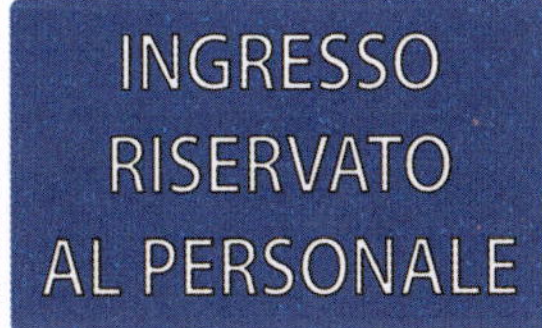

INGRESSO RISERVATO
AL PERSONALE
[inˈgrɛsso riserˈva:to al persoˈna:le]

UNBEFUGTEN IST
DER ZUTRITT VERBOTEN

RISERVATO AI RESIDENTI
[riserˈva:to ˈa:i resiˈdɛ:nti]

ANLIEGER FREI

SPINGERE
['spindʒere]

DRÜCKEN

TIRARE
[ti'ra:re]

ZIEHEN

NON DISTURBARE
[non distur'ba:re]

BITTE NICHT STÖREN

VIETATO L'ACCESSO ALPERSONALE NON AUTORIZZATO
[vje'ta:to lat'tʃεsso al perso'na:le non autorid'dza:to]

ZUTRITT NUR FÜR PERSONAL

TOILETTE DONNE
[tua'lεt 'dɔnne]

DAMENTOILETTE

TOILETTE UOMINI
[tua'lεt 'uɔ:mini]

HERRENTOILETTE

APERTO
[a'pɛrto]

GEÖFFNET

CHIUSO
['kju:so]

GESCHLOSSEN

PASSAGGIO PEDONALE
[pas'saddʒo pedo'na:le]

FUßGÄNGERÜBERWEG

RISERVATO
[riser'va:to]

RESERVIERT

PRONTO SOCCORSO
['pronto sok'korso]

ERSTE HILFE

USCITA D'EMERGENZA

USCITA D’EMERGENZA
[uʃ'ʃi:ta demer'dʒɛntsa]

NOTAUSGANG

Gefühlsausbrüche

Nun kommen wir zu einem ganz besonderen Kapitel, dem Kapitel über Gefühlsausbrüche. Was hat dieses seltsame und ungewöhnliche Thema mit einem Buch zu tun, in dem es um den ersten Kontakt mit einer Fremdsprache geht?

Mit diesem Thema begebe ich mich mit dir auf eine Gratwanderung. Ich bin mir ziemlich sicher, dass du in keinem anderen Sprachbuch etwas darüber finden wirst. Das kann ich gut verstehen, denn es ist ein heikles Thema.

Aber ich finde es so wertvoll, so unentbehrlich für dich. Ich finde, du solltest dich mit Gefühlsausbrüchen gut auskennen, denn dieses Wissen wird dich in Italien vor ungewollten Peinlichkeiten schützen.

Gefühlsausbrüche gibt es nicht nur in Italien, sondern in allen Ländern der Welt. Jedes Kind wird von klein auf damit vertraut gemacht und verinnerlicht diese Form der Kommunikation. Aber... aber... es ist nicht einfach, damit umzugehen.

Zuerst möchte ich erklären, was ich mit dem Thema überhaupt verdeutlichen möchte, was ich mit dem Begriff „Gefühlsausbrüche“ meine:

Gefühlsausbrüche sind Worte, die automatisch aus dem Mund heraussprudeln. Das passiert oft ohne, dass man darüber nachdenkt. Schwupps! Plötzlich sind sie da und man kann sie nicht mehr zurücknehmen.

Gefühlsausbrüche haben die Aufgabe, eine aufgewühlte Seele zur Ruhe zu bringen, wenn sie zuvor durch Zorn, Enttäuschung, Erschrecken, Verwunderung, Entzücken oder Ähnliches in Erregung geraten ist. Man könnte sie auch als seelische Turbulenzenberuhiger bezeichnen.

Gefühlsausbrüche treten in unterschiedlichen Graden und Intensitäten auf. Diese Grade hängen stark von der jeweiligen Bedeutung, von der Betonung oder der Situation ab, in welcher sie ausgesprochen werden. Leichte Gefühlsausbrüche kann man einfach im Selbstgespräch vor sich hinmurmeln, um sich ein wenig abzukühlen. Starke Gefühlsausbrüche sind oft schlimme, tief verletzende Beschimpfungen. Letztere nennt man auf Italienisch: „Parolaccia".

Schimpfwörter sind keine Besonderheit des Italienischen. Schimpfwörter gibt es in jeder Sprache, und in jeder Sprache werden sie ähnlich unbewusst und häufig im Alltag verwendet. Die Menschen mit italienischen Wurzeln sind vielleicht nicht glücklich darüber, dass ich mich dem Thema der Gefühlsausbrüche widme. Ich habe jedoch keine bösen Absichten dabei. Ich mache das nicht, um die italienische Sprache zu beschmutzen, sondern um dich vor Fettnäpfchen im Umgang mit der Fremdsprache zu bewahren.

Ein vorsichtiger Umgang mit Gefühlsausbrüchen wird dir so manche Peinlichkeit ersparen. Das ist einer der Gründe, warum dieses Sprachbuch so besonders ist.

Fangen wir also an:

Das erste Wort, mit dem wir uns beschäftigen heißt: „Merda!". Übersetzt beschreibt dieses Wort das organische Endprodukt des Verdauungsprozesses. Es gibt auch eine deutsche Entsprechung zu dem Wort, die ich aber der Höflichkeit halber nicht exakt übersetze. Jeder kennt die Verwendung des Wortes und in jedem Land gibt es Entsprechungen dafür.

Das nächste italienische Gefühlsentladungswort lautet: „Cavolo!". „Cavolo" findet Anwendung, wenn man jemanden dezent beschimpfen will. Es ist kein sehr harter Ausdruck und er kann gleichermaßen im Spaß, wie auch im Ernst eingesetzt werden. „Cavolo" heißt übersetzt Kohl. Diese Anspielung kennen wir auch im Deutschen. Gemeint ist hier der Vergleich zwischen dem intellektuellen Inhalt eines Kohlkopfes und dem eines Menschenkopfes.

Kommen wir jetzt zu dem italienischen Begriff: „Che diamine!". Auch wenn uns dieser Ausspruch an einen sehr unbeliebten Ort, nämlich direkt in die Hölle bringt, zählt er noch nicht zu den harten italienischen Gefühlsausbrüchen. Und wir kennen ihn auch in der deutschen Sprache. Dort hieße er:
„Was zum Teufel!" Also schon ein deutlicher Ausdruck des Zornes, aber noch sehr über der Gürtellinie.

„Stupido!" lautet mein nächstes Wort, was exakt übersetzt „dumm" bedeutet. Hier gibt es sicherlich nicht viel dazu zu erklären. Jedes Land kennt die Bedeutung des Dummen. Erwähnenswert ist in diesem Fall nur, dass Italienischsprechende einen Mann „Stupido" beschimpfen würden, während eine Frau im gegebenen Fall „Stupida!" zu hören bekäme.

Eine Nuance schärfer ist der Begriff: „Idiota!" Die Übersetzung „Idiot", muss nicht näher erklärt werden. In diesem Fall trifft Männer und Frauen der gleiche Begriff. Beide heißen im gegebenen Fall: „Idiota!"

Festhalten, jetzt rutschen wir eine Etage tiefer. Jetzt geht es unter die Gürtellinie. Würden Menschen mit italienischer Muttersprache die im Folgenden beschriebenen Wörter lesen, wären sie entsetzt darüber, dass ich ihre Sprache durch deren Ausführung verunglimpfe. Aber, wie schon gesagt, ist das nicht meine Absicht. Dies ist ein anständiges Buch.

Damit sich Menschen italienischer Herkunft nicht verletzt fühlen, wenn sie das Buch in die Hand nehmen und auf diese Wörter stoßen, werde ich bei den kommenden Ausführungen eine gewisse Kodierung einsetzen. Ich werde die Wörter nicht ausschreiben, sondern mit dem offiziellen Buchstabieralphabet ausdrücken. Ein kleiner Nebeneffekt ist, dass wir so lernen, italienische Wörter sicher zu buchstabieren.

Das erste Wort aus dieser Kategorie zeigt sich in kodierter Schrift so:

Samuel, Theodor, Richard, Otto, Nordpol, Zacharias, Otto.

Eine wortwörtliche Übersetzung drückt damit den sehr unschönen Vergleich aus zwischen dem Ausgang des Darms und dem Menschen, den man beleidigen möchte. Seltsamerweise ist dieses kleine bedeutsame Organ in sehr vielen Ländern Auffanglager für kraftvolle Beschimpfungen geworden. Übrigens hießt das Schimpfwort bei einer Frau:

Samuel, Theodor, Richard, Otto, Nordpol, Zacharias, Anton.

Jetzt folgt eine Zusammensetzung von drei Wörtern. Deren Kombination drückt, als Schimpfwort eingesetzt, den Sohn einer Dame aus, die im horizontalen Dienstgewerbe arbeitet. Sicherlich kennt der Sprechende weder den Sohn noch dessen Mutter. Gemeint ist damit viel mehr eine äußerst extreme Ausdrucksmögzlichkeit zur Entwertung eines anderen. Die Wörter in kodierter Sprache:

Friedrich, Ida, Gustav, Ludwig, Ida, Otto
Dora, Ida
Paula, Ulrich, Theodor, Theodor, Anton, Nordpol, Anton.

Es ist mir nicht leicht gefallen, dir dieses sensible und heikle Thema näherzubringen. Aber es ist mir ein Anliegen, dir die größtmögliche Sicherheit beim ersten Kontakt mit der italienischen Sprache zu geben.

Dazu gehören nun einmal auch die Ausführungen über die Gefühlsausbruchwörter. Man könnte das Thema sicher noch weiter ausdehnen. Aber es genügt, wenn du eine klare Vorstellung davon hast, um nicht in ein Fettnäpfchen zu treten.

Denke immer daran, dass Gefühlsausbruchwörter unterschiedliche Stärken haben und Verschiedenes ausdrücken können. Du findest sie gleichermaßen in unterschiedlichen Gesellschaftsschichten.

Wenn du mit diesen Ausdrücken in Kontakt kommst, versuche feinfühlig zu erspüren, ob der Sprechende verärgert, unzufrieden, wütend oder fröhlich und verschmitzt wirkt. Und dann vermeide es möglichst, diese Worte, die du jetzt kennst, selbst auszusprechen.

Es könnte für dich sehr peinlich werden, oder sogar deine Gesundheit gefährden, und du könntest jemandem sehr, sehr weh tun, wenn du diese Ausdrücke nicht richtig anwendest.

Slang Slang Slang

Slang, wie immer man dazu steht, auch wenn man ihn kritisch als Sprachverfall sieht, ist eine aktuelle sprachliche Kommunikationsform und heute nicht mehr wegzudenken.

Ursprünglich wurde der Slang von Jugendlichen und von jungen Erwachsenen geprägt und war die „Sprache der Jugend". Nach und nach wurde er von allen Altersgruppen übernommen. Slang wurde „normal" und ist heute in allen Ländern auf der Welt anzutreffen.

Spielfilme sind hervorragende Repräsentanten aktueller Sprachformen. Auch hier haben Slangbegriffe Einzug gehalten und sind allgegenwärtig geworden.

Viele der Slangausdrücke sind Formen der Begrüßung oder der Verabschiedung. Alle sind Kurzformen, die verschiedene Aussagen zusammenfassen oder abkürzen.

Beginnen wir mit den italienischen Slangbegriffen:

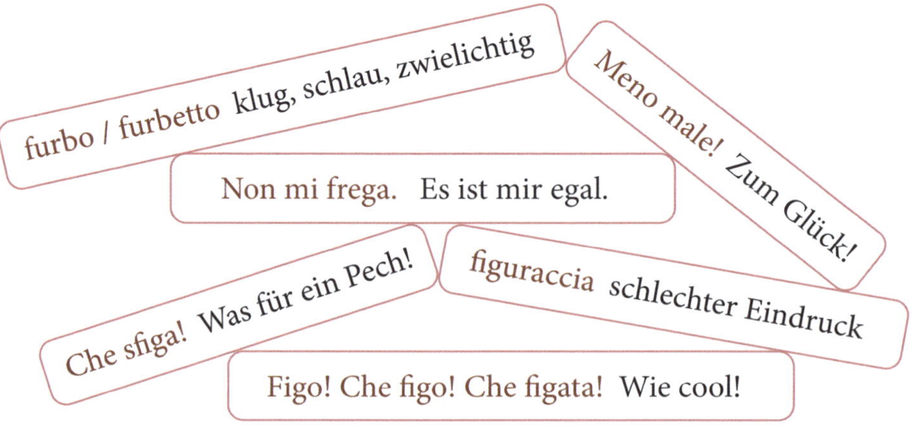

raga = ragazzi = Jungs, Mädels, Leute

Raga ist eine Kurzform von ragazzi.
Es ist eine Anrede für Freunde.

Ciao **raga**, come state?
Ciao ragazzi, come state?
Hey **Leute**, wie geht's?

Boh! = non lo so = Keine Ahnung!

So teilt man dem anderen mit, dass man auf seine Frage nicht dic geringste Antwort hat.

Dov'è mio marito? Wo ist mein Mann?
Boh!
Non lo so!
Keine Ahnung!

Dai sbrigati! Dai forza! Flott! / Mach schnell! / Beeil dich!

Der Ausdruck wird verwendet, wenn man ohne große Erklärung zur Eile drängen möchte.

Dai sbrigati!
Beeil dich!

Dai forza! Andiamo!
Mach schnell! Los geht's!

Mamma mia! = Oh mio dio! Meine Güte! / Himmel!

Wörtlich übersetzt würde das: „meine Mutter“ bedeuten.
Niemand meint damit natürlich seine Mutter, sondern es drückt tiefste Bewunderung, grösstes Erstaunen oder höchste Wertschätzung aus.

Mamma mia, che bella!
Oh mio dio, che bella!
Meine Güte, wie hübsch!

Mamma mia, che buone queste fettuccine!!
Himmel! Diese Fettuccini schmecken fantastisch!

Che schifo! = Che disgusto Igitt! / Wie widerlich! / Wie ekelig!

Der Ekel oder die Ablehung ist bei „che schifo“ mit einem kräftigen plötzlichen Schrecken entstanden.

Che schifo, questo serpente!
Che disgusto, questo serpente!
Igitt! Diese Schlange ist ekelig!

Figurati! = Non c'è di che! Keine Ursache!

Es drückt aus, dass man das, wofür sich der andere bei einem bedankt, sehr gerne für ihn oder sie getan hat und dass es des Dankes deswegen nicht bedarf.

Grazie mille per il regalo che me hai fatto!
Vielen Dank für das tolle Geschenk von dir!
Figurati!
Non c'è di che!
Keine Ursache!

Che casino! = Che confusione! Was für ein Chaos!

Man drückt damit seine Verwunderung und seine Verärgerung über das entstandene große Durcheinander aus.

Che casino!
Che confusione!
Was für ein Chaos!

Basta! = Abbastanza! Stop! Genug!

Basta! Sono stufo delle tue scuse.
Abbastanza! Sono stufo delle tue scuse.
Genug! Ich habe deine Ausreden satt.

In bocca al lupo! = Buona fortuna! Hals- und Beinbruch!

Die wörtliche Übersetzung lautet: im Maul des Wolfes

Du benutzt diese Slangform, wenn du jemandem im Voraus Glück wünschst.

In bocca al lupo per il tuo esame di guida!
Buona fortuna per il tuo esame di guida!
Viel Glück bei deiner Fahrprüfung!

Bravo!

[ˈbraːvo] Bravo!

Ottimo!

[ˈɔttimo] Super!

Grandioso!

[granˈdjoːso] Genial!

Perfetto!

[perˈfɛtto] Einwandfrei!

Complimenti [kompli'menti]

Magnifico!

[ma'ɲiːfiko]

Herrlich!

Meraviglioso!

[meraviʎ'ʎoːso]

Wunderbar!

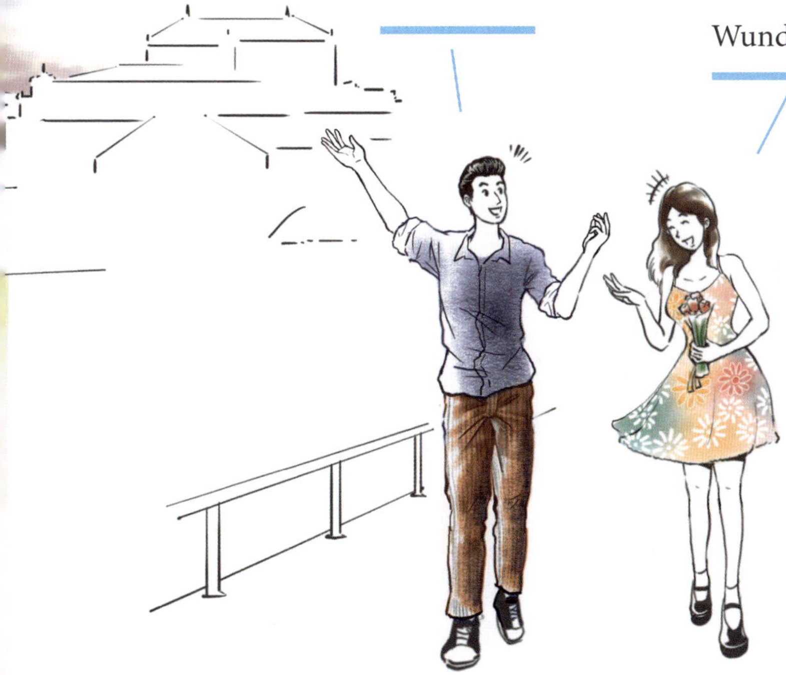

Frasi romantiche ['fra:zi ro'mantike]

Sei così bello / bella.

['sɛ:i ko'si 'bɛllo / 'bɛlla]

Du bist sehr hübsch.

Hai degli occhi bellissimi.

['a:i 'deʎʎi 'ɔkkj be'lissimi]

Du hast wunderschöne Augen.

Sei unico / straordinario.

['sɛ:i 'u:niko / straordi'na:rjo]

Du bist einzigartig / außergewöhnlich.

Ti voglio bene.

[ti voʎ'ʎo 'bɛ:ne]

Ich mag dich.

Ti amo.

[ti 'a:mo]

Ich liebe dich.

Ti amo tanto.

[ti 'a:mo 'tanto]

Ich liebe dich sehr.

Sei meravigliosa.

['sɛ:i meraviʎ'ʎosa]

Du bist wundervoll.

Ti amo tanto.

[ti 'a:mo 'tanto]

Ich liebe dich so sehr.

Ti amo.

[ti 'a:mo]

Ich liebe dich.

Vorresti sposarmi?

[vor'rɛsti spo'zarmi]

Willst du mich heiraten?

Land und Leute

Il paese e il popolo [il pa'e:ze e il 'pɔ:polo]

Germania
Austria
Svizzera
Ungheria
Slovenia
Croazia
Francia
Bosnia & Erzegov
Bolzano
Trento
Aosta
Milano
Venezia
Trieste
Torino
Bologna
Genova
Firenze
Ancona
Perugia
Corsica
Roma
Campobasso
Napoli
Potenza
Bari
Sardegna
Cagliari
Catanzaro
Reggio Calabria
Palermo
Sicilia

Wenn du etwas über die Form und Gestalt des Landes Italien erfahren möchtest, ist es am einfachsten, einen Blick auf die Landkarte zu werfen. Willst du etwas über die Menschen erfahren, wie sie denken, wie sie ihr Leben leben, dann ist der direkteste Weg, ein paar Sprichwörter des Landes kennenzulernen. Sie verraten, wie die Menschen des Landes „ticken".

Sprichwörter sind meist im Laufe von Jahrhunderten aus den Erfahrungen, aus den Denk- und Lebensweisen der Menschen vor Ort entstanden. Über die Sprache wurden sie von Alt zu Jung weitergegeben und mit ihnen auch das Gefühl und die Stimmung, die sie tragen. Hier sind einige wertvolle italienische Sprichwörter:

Tra il dire e il fare c'è di mezzo il mare.
[tra il 'di:re e il 'fa:re ʧɛ di 'mɛddzo il 'ma:re]
Zwischen Reden und Handeln liegt ein himmelweiter Unterschied.

Chi dorme non piglia pesci.
[ki 'dorme non 'piʎʎa 'peʃʃi]
Wer schläft, fängt keine Fische.

Gente allegra, Dio l'aiuta.
['ʤɛnte al'le:gra 'di:o la'ju:ta]
Fröhlichen Leuten hilft Gott.

Patti chiari, amici cari.
['patti 'kja:ri a'mi:ʧi 'ka:ri]
Klare Verträge, gute Freunde.

Amore regge senza legge.
[a'mo:re 'rɛdʤe 'sɛntsa 'leddʒe]
Liebe regiert ohne Gesetze.

Jetzt bist du bestens gerüstet für deinen ersten Kontakt mit der italienischen Sprache. Es bleibt mir nur noch, dir viel Freude und wunderbare Erfahrungen zu wünschen.

Genieße die italienische Sprache wie eine Köstlichkeit, die du dir auf der Zunge zergehen lässt. Dann wird sich das, was dir am Anfang vielleicht Angst gemacht hat, in pure Freude verwandeln.

PONS ITALIENISCH
im Handumdrehen

von
Tien Tammada

Originaltitel: อิตาลีทันใจพูดได้ด้วยปลายนิ้ว เฑียร ธรรมดา

232 Moo. 3 Tambon Yangneung, Sarapee District,
Chiangmai 50140 Thailand
E-Mail: leelaaphasa2008@gmail.com

1. Auflage 2024 (1,03 - 2026)

www.pons.de/kontakt

Übersetzung: Ta Tammadien
Co-Übersetzung & deutsche Überarbeitung: Hubert Möller
Korrektur: Francesco J. Cucinotta, Ursula Eriberti, Vanda Liber,
Kidan Patanant
Illustrationen Cover: K. Kiattisak
Illustrationen Innenteil: K. Kiattisak, Purmpoon Kamnuanta
Bildnachweis Cover: Shutterstock/lenaalyonushka
Satz/Layout: Wachana Leuwattananon, Mienton Pantana
Logoentwurf: Erwin Poell, Heidelberg
Logoüberarbeitung: Sabine Redlin, Ludwigsburg
Druck und Bindung: Publikum d.o.o.

ISBN 978-3-12-516394-2